Eckart zur Nieden

Der Strolch im Lolch

Eckart zur Nieden

Der Strolch im Lolch

Neue Biblische Balladen

BRUNNEN
VERLAG GIESSEN · BASEL

2. Auflage 2004

www.brunnen-verlag.de
Umschlagillustration: Jörg Peter
Umschlaggestaltung: Ralf Simon
Satz: Die Feder GmbH, Wetzlar
Druck: Ebner und Spiegel, Ulm
ISBN 3-7655-3772-1

Inhalt

Vorwort

Es eilt mit Siebenmeilenschritt
die Zeit, und mancher kommt nicht mit,

sodass die Zeitgenossen lästern:
„Die lahme Ente ist von gestern!"

Stets Schritt zu halten fällt ihm schwer,
so hinkt er hechelnd hinterher.

Doch weil dies Hecheln unwahrscheinlich
bemühend ist und ziemlich peinlich,

behauptet er ganz einfach kühn,
dass dieses alles nur so schien.

In Wahrheit sei die Zeit zu schnelle,
er aber an der richt'gen Stelle.

Manch andrer neigt dazu, bisweilen
schon seiner Zeit voraus zu eilen.

Doch während er – zu früh gestartet –
da vorne ungeduldig wartet,

dass seine Zeit ihm nachgekommen,
hat die 'nen andern Weg genommen.

Tief überzeugt kann ich bekennen:
Der Zeit nicht hinterher zu rennen,

noch eifrig ihr voraus zu eilen
ist der Effekt von diesen Zeilen.

Zwar liest man heut nicht – das ist schade –
ein neues Epos, 'ne Ballade,

und bei der Blüte des Gedichts,
der Lyrik, reimt sich heute nichts.

Insofern, das gesteh' ich gern,
ist dies ein wenig unmodern ...

was aber nur die Form betrifft!
Der Inhalt, den die Heil'ge Schrift

für die Balladen vorgegeben,
ist aktuell und voller Leben.

Denn das, was Jesus einst gesprochen,
gilt gleich in allen Zeitepochen.

Der Sinn, der Inhalt im Gefäß,
ist zeitlos – drum stets zeitgemäß.

Ich wünsche mir, dass dies sich zeigte,
und dass der Leser, der geneigte,

nach der Lektüre reicher wär.
Denn reich in Gott und froh ist der,

der hört auf das, was Jesus sprach,
und glaubt's, und tut's, und folgt ihm nach

in tiefem Ernst, und trotzdem heiter.
Drum, lieber Leser, lies nur weiter!

Eckart zur Nieden

Der kluge und der dumme Bauherr

Zwei Männer bauten je ein Haus.
Sie schachteten die Grube aus:

So wuchs durch Fleiß der eignen Hände
der Traum der eigenen vier Wände.

Zu jener Zeit in jenem Land
war Stahlbeton noch unbekannt.

Auch ging das ohne Bauantrag
und ohne Kostenvoranschlag ...

Wie's ihnen kam grad in den Sinn,
so stellten sie das Bauwerk hin.

Heut' würde das wohl nie was werden
ganz ohne Antrag an Behörden.

Viel Steine wurden aufgeschichtet
und Balken wurden aufgerichtet,

was der Stabilisierung nutzt.
Die Häuser wurden schön verputzt

und dann mit Kalk noch weiß bemalt.
Dann war'n sie fertig – und bezahlt.

Denn der Kredit mit Langzeitbindung
ist eine spätere Erfindung.

Da steh'n die Häuser, neu, adrett,
Geranien auf dem Fensterbrett.

Man muss auch nicht mehr lange warten,
dann grünt und blüht's rundum im Garten.

Die Einweihung ist fast gleichzeitig,
und man besucht sich gegenseitig.

Man plaudert stolz und bauerfahren,
wie schwierig doch die Zeiten waren,

wie man's geschafft mit diesem ganzen
Projekt – und auch mit den Finanzen.

Da stellt sich raus, dass jene beiden
an einem Punkt sich unterscheiden.

Es sprach der Häuslebauer A:
„Mein Haus steht nicht durch Zufall da,

wo es jetzt steht. Ich dachte: Stell's
doch lieber auf gewachsnen Fels,

wo's sicher steht und gut und fest
und sich durch nichts erschüttern lässt."

Der Bauherr B hat nur gelacht.
„Die Müh' hab' ich mir nicht gemacht!

Ich hab' mein Haus auf Sand gestellt.
Ich glaub', dass das genauso hält.

Als wir die Fundamente machten,
war's so viel leichter auszuschachten.

Auch steht der linke Seitenflügel
dadurch am Rand von einem Hügel.

Die Aussicht ist dort wunderschön:
Man kann bis weit nach Süden seh'n.

Da mach ich mir noch 'ne Terrasse,
wo ich mich abends bräunen lasse."

So schwärmt Herr B vom Haus und denkt,
A habe eine Chance verschenkt ...

und wegen 'ner Lappalie nur:
der geologischen Struktur!

Nachdem die Häuser eingeweiht,
begann schon bald die Regenzeit.

Es nieselte zunächst, es floss,
es prasselte herab, es goss,

es regnete ganz ungewöhnlich –
es stürzte fast schon sintflutähnlich

und spülte mit sich fort den Sand,
auf dem Haus B seit kurzem stand.

Auch blies ein kräftiger Orkan
das Häuschen von der Seite an.

In diesen wütenden Gewittern,
da spürt Herr B die Wände zittern.

Auch zeigen sich bald erste Risse
infolge dieser Regengüsse.

„Raus! Nichts wie weg! Das Haus stürzt ein!“,
muss er das Tosen überschrei’n.

Kaum sind sie aus dem Haus gefloh’n,
ereilt es dieses Schicksal schon.

Der Sand trägt nicht mehr das Gewicht,
und das Gemäuer fällt und bricht.

Das Dach stürzt krachend mit dahin,
auf all das fällt noch der Kamin.

Entsetztes Schreien und Gewimmer –
das schöne Haus ist nur noch Trümmer.

Draus ragen Balken und ein Brett
wie Rippenbogen am Skelett.

Er zählt die Häupter seiner Lieben.
Zum Glück sind alle heil geblieben.

Der Nachbar A, der zeigt Erbarmen.
Bald sieht man sie in seinem warmen

und sichern Haus am Feuer hocken.
Sie werden langsam wieder trocken,

froh werden sie noch lange nicht.
Herr B noch öfter traurig spricht:

„Ach, hätt’, um alles in der Welt,
ich doch mein Haus auf Fels gestellt!“

Sein schönes Haus war nur noch Dreck!
Die Kraft verbraucht, das Geld war weg,

sodass von allem, was ihm lieb,
nur noch die Aussicht übrig blieb,

die schöne Aussicht weit ins Land,
wenn er auf der Ruine stand.

So geht's, sagt Jesus, jenem Mann,
der meine Worte hören kann,

der sie zwar klar vernommen hat,
sie werden aber nicht zur Tat.

Wer aber tut, was Gott gefällt,
der hat sein Haus auf Fels gestellt.

Matthäus 7, 24–27

Das vierfache Ackerfeld

Ein Bauer ging hinaus aufs Feld.
Das war schon für die Saat bestellt:

mit einem Pflug gut umgebrochen
und auch gedüngt – man hat's gerochen.

Doch fettes Land und gute Erden,
das nützt noch nichts – gesät muss werden!

So hoffend, dass es nützen solle,
schritt dieser Mann auf seiner Scholle

und streut die Saat mit weitem Schwung.
Jedoch in der Begeisterung

wirft er zu weit, und Körner fliegen
zum Weg und bleiben darauf liegen.

Ganz hinten wird der Boden fest,
weil er sich da nicht pflügen lässt,

denn unterm Acker, ziemlich dicht,
beginnt gleich eine Felsenschicht.

„Vielleicht bringt's doch was", denkt der Bauer,
und lässt gleich einen Körnerschauer

herniederregnen auf das Land.
Dann kommt er zu dem dritten Rand,

wo Dornen wachsen und Gesträuche.
Und hier geschieht noch mal das Gleiche:

Saatkörner – nur ein Teil von allen –
sind unter das Gebüsch gefallen.

Nachdem nun unser Bauer wacker
bestreut hat seinen ganzen Acker

und alle Körner alle sind,
geht er nach Haus zu Weib und Kind.

Zwar ist nun jener Bauer fort,
doch wird nicht stille dieser Ort.

Denn Spatzen kommen angeflogen,
von reichlich Nahrung angezogen.

Dass Körner auf den festen Wegen
klar sichtbar obendrauf gelegen,

schön präsentiert wie auf 'nem Teller:
das scheint sich schnell und immer schneller

bei allen Vögeln rumzusprechen.
So landen auf den festen Flächen

zu Hunderten die Amseln, Meisen,
Rotkehlchen, wie sie alle heißen,

Kernbeißer und natürlich Stare
und fressen die geschenkte Ware.

Ein Saatkorn, das ein Spatz verschlingt –
klar, dass das keine Ernte bringt.

Die letzte Woche hat's gegossen.
Das Wasser war nicht abgeflossen,

wo Felsen fast bis oben reicht.
Das bisschen Erde war noch feucht,

so dass die hier gestreute Saat
schnell keimt und sich entwickelt hat.

Und schon nach wen'gen Tagen schien
der Teil des Ackers etwas grün.

Doch die zu dünne Ackerschicht
erlaubte Wurzelbildung nicht.

Dass so kein Halm noch Ähren gar
entstehen kann, das ist wohl klar.

Manch hoffnungsvolle grüne Spitze
verdorrte in der Sonnenhitze.

Die Körner, die im leichten Schatten
der Sträucher Platz gefunden hatten,

die wuchsen anfangs auch ganz gut,
geschützt vor zu viel Sonnenglut.

Doch selbst ein Dornenstrauch kann eben
nicht ohne Erd' und Wasser leben,

und er beginnt damit zu geizen,
ganz ohne Rücksicht auf den Weizen.

Dies Wasser, Luft und Lebensraum
fehlt unsern Hälmchen – aus der Traum!

Die Dornen zwingen und erdrücken
die Weizenhälmchen – die ersticken.

Man sieht: Die ausgestreuten Saaten,
die sind am Rand zumeist missraten.

Doch auf dem guten Ackergrund,
da wachsen hoch sie und gesund,

so dass der Bauer sich dran freut,
besonders in der Erntezeit,

und, weil's so gut gewachsen ist,
die Randerscheinungen vergisst.

Die ausgestreuten Saaten mehren
sich vielfach nun in allen Ähren,

so wie er sich's davon versprach:
wohl dreißig-, sechzig-, hundertfach.

Das Wort, das Gott gesprochen hat,
sagt Jesus, gleicht der Weizensaat.

Das Menschenherz, wie festgetreten,
will nicht, dass Jesus ungebeten

die guten Worte zu ihm spreche.
Sie bleiben an der Oberfläche.

Manch andrer Mensch dagegen gleicht
der dünnen Erdschicht, aufgeweicht.

Er nimmt die Worte freudig auf,
begeistert sich. Doch im Verlauf

von Krisen und von Schwierigkeiten,
von guten wie von schlechten Zeiten,

die meistens kommen oder gehen,
fehlt ihm die Kraft, das durchzustehen.

Die Dornensträucher sind vergleichbar
dem Wunsch nach Geld, das unerreichbar.

Wenn Sucht nach Reichtum dieser Welt,
wenn Sorge uns in Atem hält –

egal, ob unsre Pläne glücken –,
muss Gottes Wort in uns ersticken.

Wenn einer hört, was Christus spricht,
verleugnet und vergisst es nicht,

so wird es diesem Wort gelingen,
vielfältig Frucht hervorzubringen.

Matthäus 13, 1–9.18–23

Das Unkraut unter dem Weizen

Ein Gutsherr hat von früh bis spät
viel guten Weizen ausgesät.

Er geht nach Hause, um zu ruh'n,
wie das die meisten Menschen tun.

Er legt sich schlafen in der Nacht,
hat nicht sein Weizenfeld bewacht.

Das hätt' er aber machen sollen,
weil einige ihm übel wollen.

Besonders einer ist sein Feind,
der's ziemlich böse mit ihm meint.

Kaum sinkt hernieder finstre Nacht,
hat der sich auf den Weg gemacht.

Er schleicht aufs Feld, und huckepack
trägt er 'nen vollen Körnersack.

Die Körner, die er bei sich hat,
sind aber keine Weizensaat.

Grassamen hat er unverdrossen
gesammelt. – Ist der erst gesprossen,

sind Gras und Weizen, diese beiden,
am Anfang kaum zu unterscheiden.

Dies Gras, dies Unkraut, nennt man Lolch.
Und solches streut nun dieser Strolch,

dass es aufs Feld des Gutsherrn fliegt,
der ahnungslos im Bette liegt.

Nur ein paar Tage geh'n dahin,
da zeigt sich schon das erste Grün.

Doch eines Tags entdeckt ein Knecht:
Dies kleine Hälmchen ist nicht echt!

Und dies! Wenn man genauer schaut,
ist alles voll von falschem Kraut!

Er rennt, um das dem Chef zu sagen.
Der schimpft: „Mein Feind hat zugeschlagen!

Er säte, nur um mich zu reizen,
mir Unkraut unter meinen Weizen!“

Die Knechte fragten: „Soll'n wir jäten
all das, was deine Feinde säten?“

„Nein“, sprach der Gutsherr, „lasst es steh'n!
Man kann den Unterschied kaum seh'n

zu dem erwünschten Brotgetreide.
Am Ende rupft ihr alles beide!

Auch würdet ihr bei eurem Jäten
manch Weizenhälmchen niedertreten.

So schlimm 's auch ist – da kann man nun
fürs Erste gar nichts gegen tun.

Im Herbst jedoch, zur Erntezeit,
wird siegen die Gerechtigkeit:

Dann wird, was er und ich gesät,
zunächst gemeinsam umgemäht.

Dann sammelt ihr das Korn alleine
gedroschen mir in meine Scheune.

Das Gras, das wuchs mit ihm zusammen,
das übergeben wir den Flammen."

Dies Gleichnis hat der Herr erzählt.
Er sagt: Der Acker ist die Welt.

Die gute Saat in dem Vergleich
sind Kinder nun in Gottes Reich.

Des Feindes böser Unkrautsamen
sind Kinder, die vom Bösen kamen.

Sie wachsen miteinander auf.
So nimmt die Menschheit ihren Lauf,

und Trennung, Strafe und Gericht,
das alles kommt zunächst noch nicht.

Doch wenn die Weltgeschichte endet,
wenn Gott die Schnitter – Engel – sendet,

dann wird der Herr die Seinen kennen
und von des Teufels Kindern trennen.

Das Strafgericht wird die ereilen
mit Zähneklappern und mit Heulen.

Doch Gottes Kinder sind allzeit
bei ihm in ewger Herrlichkeit.

Matthäus 13, 24–30.36–43

Der Schatz im Acker

Es war einmal ein Tagelöhner,
der wünschte sich das Leben schöner.

Was er verdient' mit Müh und Not,
das reichte kaum für's täglich Brot.

Er hat gepflügt, gemäht, gedroschen,
und kriegte dafür ein paar Groschen.

Doch war der Winter erst erschienen,
gab's auf dem Land nichts zu verdienen.

Und seine Frau und auch die Kleinen
– vier an der Zahl – die mussten weinen,

weil sie in ihrer winz'gen Hütten
an Kälte und an Hunger litten.

Heut gab es Arbeit für den Mann.
Der Gutsbesitzer stellt' ihn an,

der ihn als treu und fleißig kannte
und drum auf seine Felder sandte.

Dort sollte er den Acker pflügen,
um seinen Tageslohn zu kriegen.

Er spannt die Ochsen vor den Pflug.
Die haben einen starken Zug

und reißen langsam, aber wacker
sehr tiefe Furchen in den Acker.

Wie er so gründlich, fleißig pflügt,
er plötzlich einen Schrecken kriegt.

Nanu, spricht er, was war denn das?
Mir war, als hakte irgendwas.

Er hält die Ochsen an und guckt,
weshalb der Pflug grad so geruckt,

wo seine Pflugschar dran gerammelt:
'ne Kiste ist es, halb vergammelt.

Und aus dem Spalt, den ungewollt
die Pflugschar riss, da blinkt es gold!

Ein Schatz! Den muss ein Mensch vergraben,
versteckt und zugeschüttet haben.

Vielleicht bracht' er in schwerer Zeit
hier nur sein Gold in Sicherheit,

damit's vor einem fremden Heere
und bösen Räubern sicher wäre.

Zwar ward sein Gold ihm nicht genommen,
doch er ist dabei umgekommen.

Dass es hier was zu finden gab –
dies Wissen nahm er mit ins Grab.

Nun stößt ein armer Landarbeiter
auf Ringe, Broschen und so weiter

und ist von dem, was er erblickt,
zutiefst erschrocken und entzückt.

Und während ihm der Atem stockt,
hat er sich vor das Loch gehockt,

sodass sich seine Augen weiden
an Münzen, Ketten und Geschmeiden.

Er dacht' bei sich: In tausend Jahren
könnt ich wohl solchen Schatz nicht sparen!

Ein Zehntel dieses Goldes bloß –
und ich wär alle Sorgen los!

Ich müsst kein Hungerdasein fristen
mit einem dieser Amethysten!

Nur wenige der goldnen Sachen,
die könnten vieles möglich machen

bei meinen Kindern, allen vieren!
Sie könnten in Athen studieren!

Das Schönste von den goldnen Dingen
würd' meiner Frau ich gerne bringen.

Was wär' die glücklich, wenn sie hätte
so eine schöne Perlenkette!

Und ich – ich müsst' mich nicht mehr plagen,
könnt' vornehme Gewänder tragen.

Ich könnt' zu Haus im Sessel sitzen
und müsste weder frier'n noch schwitzen.

Vom Gutsherrn kauft' ich mir die gute
schwarz-braune neugebor'ne Stute,

denn wie der Wind kann die schon rennen.
Ich würde sie Mercedes nennen . . .

So stand vor seinem geist'gen Blick
die goldne Zukunft und das Glück,

und es berauschte ihn. Indessen –
er hat das Gold noch nicht besessen!

Der Gutsherr müsste es bekommen,
denn ihm gehört's genau genommen,

weil dieses ja sein Acker ist.
Aus ist der Traum! Nein, so ein Mist!

Doch halt! Nur mal so vorgestellt,
ich kaufte dieses ganze Feld –

ich würd' zum Eigentum auch haben
den Schatz, der in dem Feld vergraben!

Und voller Geistesgegenwart
hat er das Loch schnell zugescharrt.

Er sagte zu den Ochsen: „Hüh!"
Und stark und stetig zogen sie.

Der Mann in ruhiger Bewegung –
wenn auch voll innerer Erregung –

pflügte zu Ende das Geviert
des Ackers, als sei nichts passiert.

Dann spannte er die Ochsen aus
und ging mit seinem Lohn nach Haus.

Nun aber wurde er aktiv.
Er sprach mit seiner Frau und lief

zum Markt, um alle seine Sachen,
die er besaß, zu Geld zu machen.

Er räumte unter dem Gejammer
der Kinder alles aus der Kammer:

die Möbel, Bettzeug und die Kleider.
Das brachte nicht genügend – leider!

Die Leute dachten: Der ist irr!
Verscherbelt auch noch sein Geschirr!

Dann hatte er, schon binnen Stunden,
'nen Käufer für das Haus gefunden.

So haben sie die erste Nacht
arg frierend unterm Baum verbracht.

Der Mann, weil all das nicht genug,
zwölf Schuhe noch zum Pfandhaus trug.

Dann ging er barfuß und in Lumpen,
um alte Freunde anzupumpen.

Trotz all dem, was er nun entbehrt,
fühlt' er sich frei und unbeschwert.

Er gab es gern und freudig hin,
denn all das hatte einen Sinn:

Nun trug er Bargeld in den Händen!
(Die Börse musst' er noch verpfänden!)

Er kaufte jenes Ackerstück –
und die Familie schwamm im Glück.

So sagte Jesus: Gottes Reich
ist einem Schatz im Acker gleich.

Man findet ihn – und muss ihn haben!
Gern gibt man alle andern Gaben,

die man besitzt, für diese hin –
für einen ewigen Gewinn.

Matthäus 13, 44

Die kostbare Perle

Ein Mann mit einem Sammeltrieb,
der hatte edle Perlen lieb.

Wie andre Leute Steine horten,
die sie gefunden allerorten,

Antiquitäten, Schiffsmodelle,
Briefmarken, Münzen, Tigerfelle,

auch Tassen, Blumen, flach gepresst,
was immer sich auch sammeln lässt –

und wenn so ein Objekt sie sehen,
dann müssen sie's sogleich erstehen,

wenn immer man sich's leisten kann –,
so hat auch der besagte Mann,

von dem ich hier erzählen will,
in aller Heimlichkeit sich still

doch innerlich zutiefst bewegt
'ne Sammlung Perlen zugelegt.

Darin fand er sein ganzes Glück.
Nun – jeder hat so seinen Tick.

Da dieser, der Protagonist,
ein reisender Geschäftsmann ist,

der schon die halbe Welt befahren
mit Schiff, Kamel und Ochsenkarren,

hat er, wo er auch eingekehrt,
sich gleich nach Perlen umgehört.

Und war ein gutes Stück vorhanden,
so hat er es sogleich erstanden

und wohl verwahrt mit heimgenommen.
Zu Hause, wenn er angekommen,

hat er, zufrieden und vergnügt,
sie seiner Sammlung beigefügt.

Er widmete sich seinem Traum
allein in seinem Hobbyraum.

Hier saß er oft, der Welt entrückt,
hat seine Sammlung angeblickt,

verliebt, mit Lupe und Pinzette ...
als ob 'ne Perle Leben hätte

und das Geheimnis aller Meere
in dieser kleinen Kugel wäre.

Doch eines Tages kam ein Brief,
der in ein fernes Land ihn rief.

Ein alter Perlenhändler schrieb,
er kenne seinen Sammeltrieb

und meine, weil er davon wisse,
dass er, der Kaufmann, kommen müsse.

Er habe hier ein schönes Stück,
vollkommen rund, vollkommnes Glück,

so herrlich groß und wunderschön,
das hab' die Welt noch nicht gesehn!

So schrieb es ihm der Juwelier.
Man weiß: Geduldig ist Papier.

Der Mann jedoch glaubt ihm aufs Wort
und fährt am gleichen Tag noch fort.

Nach langer Reise kommt der Mann
bei jenem Perlenhändler an,

reicht zur Begrüßung ihm die Hand,
betritt, von ihm geführt, gespannt

und sehr erregt den hinter'n Raum,
so wie ein Kind vorm Weihnachtsbaum.

Der Mann, der alte Juwelier,
macht Licht, verriegelt seine Tür,

um Unbefugte abzuweisen,
nimmt einen Kasten, schwer, aus Eisen,

und öffnet ihn mit einem Schlüssel,
greift kurz hinein. In eine Schüssel,

mit schwarzem Samttuch überdeckt,
rollt nun das herrliche Objekt.

Der Sammler schaut, kann's gar nicht fassen,
es schwindelt ihn, er muss erblassen.

Der Atem stockt, das Herz bleibt steh'n –
nein, wie ist diese Perle schön!

Groß ist die Kugel, hell, und ganz
vollendet rund, mit mattem Glanz,

der silbern dringt aus seiner Tiefe,
als ob der Vollmond darin schliefe,

als ob die Sterne daraus grüßten,
als wär das Meer, das fernste Küsten

seit Jahrmillionen schon umflossen,
in dieser Perle eingeschlossen.

Der Mann sinkt zitternd in die Knie
und weiß nur eins: ich brauche sie!

Sein Angesicht, noch eben bleich,
das färbt sich puterrot sogleich.

Sein Atem, der noch eben stockte,
geht keuchend rasch. Das Herz, das bockte,

schlägt wild und pocht. Und ihm wird heiß.
Er flüstert nur: „Nennt mir den Preis!“

Da hört er eine Zahl – voll Grauen:
Sie hätte ihn fast umgehauen!

Zum Glück war'n bei den Orientalen
nicht sehr verbindlich solche Zahlen.

Nun handeln sie. Doch immer noch
ist diese Zahl erschreckend hoch.

Sie wird nur langsam etwas flacher
bei ihrem mühsamen Geschacher.

Der Sammler merkt – es schmerzt ihn sehr:
Viel kleiner wird die Zahl nicht mehr,

und ängstlich fragt sich unser Mann,
ob er sich so was leisten kann.

Klar, dass er viel verkaufen muss!
Er rechnet, denkt und kommt zum Schluss:

Gesetzt einmal den Fall, wir zögen
heran mein ganzes Barvermögen ...

Wenn für die Perlen, meine kleinen,
für Haus und Kutsche, Vieh und Scheunen

ich 'nen potenten Käufer fände
und kriegte alle Außenstände,

dann könnte es gerade reichen,
die Riesen-Rechnung zu begleichen.

Ich tu's! Was soll'n mir all die Gaben!
Ich will nur diese Perle haben!

Mein ganzes künft'ges Sammlerglück
liegt in dem wundervollen Stück,

so dass nichts andres mehr ich brauch.
Und grad so kam es schließlich auch.

Nun ist das ew'ge Himmelreich,
sagt Jesus, dieser Perle gleich.

Es ist von ungeheurem Wert,
und wem das Glück je widerfährt,

dass er's für sich gewinnen kann,
der gibt gern alles andre dran.

Matthäus 13, 45–46

Der Schuldner

Ein König, dem einst irgendwann
ein großes Land war untertan,

der konnte ja nicht alle Sachen
in seinem Reiche selber machen.

Er hatte kleine Potentaten,
die in den Städten ihn vertraten:

regieren, richten und verwalten
und dabei ihm die Treue halten.

Mal klappt das, manchmal aber nicht.
Der König hörte ein Gerücht,

dass einer dieser Gouverneure
so tat, als ob er König wäre.

Er habe – es ist nicht zu fassen –
von vielen sich bestechen lassen

und mit des Königs Geld bestochen,
dazu den Treue-Eid gebrochen.

Er habe oft das Recht gebeugt
und heimlich Gelder abgezweigt.

Der König eilte schnell herbei,
zu prüfen, ob es richtig sei,

was man ihm heimlich zugetragen.
Beamte prüften Unterlagen,

man hat gerechnet und addiert.
Dann sind noch Zeugen aufmarschiert,

und schließlich endete die Tagung
in einer peinlichen Befragung.

Und dabei ward ans Licht gebracht:
Es war viel schlimmer als gedacht,

weil er zehntausend Zentner gar
in reinem Silber schuldig war.

Da rief der König voller Wut:
„Bestraft muss werden, wer das tut!

Das ist ja wohl ein starkes Stück!
Gib mir sofort mein Geld zurück!"

Der Gouverneur – bleich im Gesicht –
sprach stotternd nur: „Das kann ich nicht!"

Den König – klar! – erzürnte dies,
worauf er den Befehl erließ,

Haus, Hof und Vieh und alle Sachen
des Gouverneurs zu Geld zu machen

und ihn, samt seinem üblen Haufen,
sogleich als Sklaven zu verkaufen.

Da fiel der Mann auf seine Knie.
„Erbarmen!", er verzweifelt schrie.

„Ich sehe mein Vergehen ein.
Du wollest bitte mir verzeih'n,

die Chance mir geben, statt zu sühnen
das Geld nun redlich zu verdienen

mit Fleiß und Eifer – um es dann
zurückzuzahlen irgendwann!"

Das hielt der König für unmöglich.
Doch war es ihm schier unerträglich,

dies Leid zu seh'n in seiner Schwere,
auch wenn's gerecht gewesen wäre.

Ein Mensch, auch wenn er sehr verarmt,
soll frei sein! Er hat sich erbarmt:

„Nun gut, ich will dich nicht verkaufen.
Jetzt geh!", sprach er und ließ ihn laufen.

Kaum hat der Mann den Saal verlassen
und tritt hinunter auf die Gassen,

da läuft ihm einer in die Quere,
der ihm noch etwas schuldig wäre.

Er packt den Mann am Hals und stellt
ihn hart zur Rede: „Her mein Geld!

Ich kriege hundert Groschen noch!"
Der andre rief: „Erbarm dich doch!

Ich werd' es dir nicht schuldig bleiben!
Versuch's noch heute aufzutreiben!"

Da kam des Wegs ein Polizist.
„Gut, dass du in der Nähe bist!“,

rief ihn der böse Gouverneur.
„Du kennst mich doch! Komm doch mal her!

Wirf diesen elend-fiesen Wurm
hinunter in den Schuldenturm!

Da bleibt er – würd’ er noch so alt –,
bis er die Schuld samt Zins bezahlt!“

Da – angelockt von dem Geschrei –
kam grad ein Königsknecht vorbei,

sah alles, schluckte, lief voll Hast
zurück in seines Herrn Palast,

um tief erschüttert ihm zu sagen,
was sich da draußen zugetragen.

Das nun erzürnt den König sehr.
„Bringt diesen Kerl sofort hierher!“

Als das geschah, brüllt’ er ihn an:
„Was hast du mieser Kerl getan!

Ich ließ dich frei, ließ dich am Leben
und hab’ dir so viel Schuld vergeben!

Und du – statt dass du dadurch weißt,
was gut ist, was Erbarmen heißt –

hast diesen armen Mann verdroschen
nur wegen ein paar Silbergroschen!

Du sprachst dein eignes Urteil nun!
Es ist doch klar, dass in dem Tun

des Menschen all das wiederkehrt,
was er an Gnade selbst erfährt!

Ich mach's wie du mit diesem Armen:
Ich widerrufe mein Erbarmen!

Du kommst so lange in den Knast,
bis du zurückgegeben hast,

was noch an Schulden steht zu Buche!
Für Gnaden- und Erlassgesuche

bin ich bei dir nicht mehr empfänglich.
Ab in den Kerker! Lebenslänglich!"

Dass es genauso jedem geht,
der vor dem ew'gen König steht,

hat Jesus uns dazu erklärt.
Denn Gottes Gnade widerfährt

dem, der als Sünder und als Christ
auch andern Menschen gnädig ist.

Matthäus 18, 21–35

Die Arbeiter im Weinberg

Es lebte einst ein reicher Herr.
Recht klug und auch geschickt war er.

Dem war ein großes Glück beschieden:
ein schöner Weinberg, grad nach Süden,

auf dem wuchs jährlich, wie es hieß,
ein edler Tropfen, schwer und süß.

Doch so ein Weinberg, wie man weiß,
bringt nichts, wird er nicht stets mit Fleiß

gedüngt, gejätet und gepflegt!
Nur den, der seine Stöcke hegt

und falsche Triebe stets entfernte,
erwartet eine reiche Ernte.

Nun war es damals durchaus üblich,
wenn auch aus unsrer Sicht betrüblich:

Am Marktplatz bot so mancher Mann
mit seiner Arbeitskraft sich an.

Und das nur für den einen Tag,
ganz ohne 'nen Tarifvertrag.

Der Mann, von dem ich hier erzähle,
ging hin, dass er sich Helfer wähle.

Sie wollten gern für Lohn ihm dienen.
Ein Silberstück versprach er ihnen.

Und voller Fleiß begannen sie
ihr Werk. Es war noch ziemlich früh.

Um Mittag und so gegen drei
bracht' er noch weitere herbei.

Die halfen den Kollegen nun,
denn es war wirklich viel zu tun.

Am Abend, als die Sonne sank,
es nicht mehr heiß war, Gott sei Dank,

kam er zum Markt und musste sehen
noch weit're Männer müßig stehen.

„Was steht ihr hier und langweilt euch?
Geht in den Weinberg! Geht nur gleich!

Der Feierabend naht zwar schon,
doch kriegt ihr den gerechten Lohn!"

Sie gingen, des Versprechens wegen,
sich ordentlich ins Zeug zu legen.

Die Sonne traf den Horizont –
die Zeit, wo meistens man entlohnt

die Leute, die man sich gedungen.
Frisch-fröhlich kamen angesprungen

mit ziemlich unverbrauchter Kraft
die, die nur noch ganz kurz geschafft.

Ein jeder kriegt – und strahlt vor Glück –
vom Herrn ein ganzes Silberstück.

Auch die, die mittags erst begannen,
die ziehen so entlohnt von dannen.

Zum Schluss erst durften die erscheinen,
die seit dem Morgen auf den Beinen,

des Tages Hitze ohne Schatten
bei fleiß'gem Werk erduldet hatten.

Sie dachten nun, sie kriegten mehr –
was schließlich auch verständlich wär!

Doch nein – denn jedem ward alsbald
mit gleicher Münze heimgezahlt!

Ihr Sprecher sagte zornig: „Wie?
Wir kriegen gleichen Lohn wie die?

Betrug! Nein, das wird angefochten!
Wo wir zehnmal so viel malochten!

Ist denn das Jäten, Schneiden, Lesen
den ganzen Tag umsonst gewesen?"

Der Winzer aber dies verneint:
„Umsonst? Du irrst dich, lieber Freund!

Wir hatten doch schon vor halb acht
'nen Silbergroschen ausgemacht.

Du hast den Vorschlag angenommen –
genau das hast du nun bekommen.

Das ist doch alles nur gerecht.
Doch wenn ich was verschenken möcht'

von meinem Geld, das mir gehört –
ist's recht, dass ihr mir das verwehrt?

Vergiftet Hass dir deinen Sinn
nur darum, weil ich gütig bin?“

Der Mann zog bös die Stirne kraus,
doch schwieg er und ging still nach Haus.

Die Ersten, Fleiß'gen, Abgehetzten
sind oft am Ende doch die Letzten.

Wo's scheint, dass sie die Letzten seien,
die stehen in den ersten Reihen.

Doch klar ist, dass hier Jesus nicht
von unserm Lohngefüge spricht.

Ein Gleichnis nur ist die Erzählung.
Und es besagt: Durch die Erwählung,

durch Gnade und Barmherzigkeit
liegt Gottes Reichtum uns bereit.

Ob einer für Gott wenig tat –
Ob er ganz viel geleistet hat:

Für Heil und Rettung ist das gleich.
Durch Gottes Schenken sind wir reich.

Matthäus 20, 1–16

Die zwei ungleichen Söhne

Es war einmal ein Mann, der saß
am Tisch, wo er sein Frühstück aß.

Doch merkt' er gar nicht, ob's ihm schmeckt.
Die Sorgen, die ihn früh geweckt,

bevor die Sonne aufgegangen,
die nahmen völlig ihn gefangen:

Im Weinberg war so viel zu machen –
beschneiden, jäten, solche Sachen.

Er brauchte viel mehr Arbeitskräfte.
Doch heute nötigten Geschäfte

zu einer Reise in die Stadt.
Der Mann erhob sich. Er war satt.

Und an der Tür, da traf er schon
den frisch erwachten ersten Sohn.

Es war gerade sechs Uhr dreißig.
„Mein Sohn", sprach er, „du bist ja fleißig!

Ich geh', dass ich mich nicht verspäte.
Geh du zum Weinberg raus und jäte!

Was da zu tun ist, weißt du ja."
Der Sohn sprach artig: „Ja, Papa!"

Kaum aber war der Alte weg,
briet er ein Spiegelei mit Speck

und aß auch sonst noch manches Gute.
Nach Arbeit war ihm nicht zumute.

Dann schlich der ach so liebe Sohn
sich durch die Hintertür davon

zu einem Rundgang durch die Schenken,
ohn' an den Weinberg nur zu denken!

Zu schön war dieser Tag heut' grade,
für harte Arbeit viel zu schade!

Er soff und tat auch sonst nichts Rechtes
mit Freunden beiderlei Geschlechtes.

Der Vater gab nun unterdessen,
dieweil der Sohn so pflichtvergessen,

dem alten Esel eine Dattel
und legte auf ihn seinen Sattel,

schwang sich hinauf, um fortzureiten.
Da sah er seinen Sohn, den zweiten.

Der kam meist später aus dem Bett
und war auch sonst viel wen'ger nett

als jener erstgeborne Bruder,
und außerdem ein faules Luder.

„Hör her, mein Sohn!", der Vater sprach.
„Geh, eile deinem Bruder nach!

Jetzt ist nicht Zeit, sich auszuruh'n.
Im Weinberg ist so viel zu tun!"

Der Junge aber sagte munter:
„Ach, rutsch mir mal den Buckel runter!

Ich will an schönen Sonnentagen
mich nicht mit zu viel Arbeit plagen.

Und außerdem – da schuftet schon
mein Bruder und dein Lieblingssohn!

Am Ende, bei der Weinbergpflege,
komm ich dem Großen ins Gehege!

Hab' mir was andres vorgenommen.
Da soll mir nichts dazwischenkommen."

Eh' sich der Vater halbwegs fasste
zu einer Antwort, die hier passte,

und eh' er zu sich selbst gefunden,
war dieser Bengel schon verschwunden.

Welch frecher Sohn ward ihm geboren!
Er seufzt' und gab dem Tier die Sporen.

Der jüngste Sohn begann inzwischen
sich auch ein Frühstück aufzutischen.

Und während er gemütlich kaut
und dabei stille in sich schaut,

kommt der Gedanke angeflogen:
„Ich war doch ziemlich ungezogen!

Mit seinem Vater so zu sprechen
ist böse, fast schon ein Verbrechen!

Genieße täglich, auch heut früh,
vergnügt die Früchte seiner Müh',

doch ohne etwas beizutragen,
und ohne mich wie er zu plagen.

Das ist nicht recht, ich seh es ein.
Drum will ich jetzt trotz Sonnenschein,

obwohl ich in der Mittagshitze
nachher wahrscheinlich schrecklich schwitze,

sodass die Kräfte mir erschlaffen,
doch in den Weinberg geh'n und schaffen!"

Er nahm – es war schon etwas spät –
gleich aus dem Schuppen das Gerät,

das er benutzte ja schon oft,
und ging zum Weinberg, wo er hofft,

den großen Bruder vorzufinden
beim Rebenschneiden oder -binden.

Doch seltsam – er war ganz allein
inmitten dieses Hangs mit Wein.

„Nanu – der hat sich wohl verdrückt?
Aha! Ich bin doch nicht verrückt

und schufte hier allein! Ich geh!"
Doch plötzlich kam ihm die Idee:

„Was kümmert mich des Bruders Sünde!
Ich tu, was ich für richtig finde!"

Der Rabbi Jesus, Meister, Lehrer,
fragt' nach dem Gleichnis seine Hörer:

„Wer hat des Vaters Will'n getan?
Denn darauf kommt es schließlich an!

Will einer wirklich Gott gefallen,
muss er nicht fromme Floskeln lallen!

Es geht drum, wie er wirklich handelt!
Und wer auf bösem Weg gewandelt,

und wer sich gegen Gott empört,
tut gut dran, wenn er sich bekehrt

und ändert sich, um Gottes Willen
von nun an gerne zu erfüllen."

Matthäus 21, 28–32

Von den bösen Weingärtnern

Es war einmal ein reicher Mann,
der legte einen Weinberg an.

Der kam durch Kauf in seine Hände.
Leicht fiel nach Süden das Gelände;

viel Unkraut war zunächst zu roden.
Kalkreich und fruchtbar war der Boden,

sodass bereits im siebten Jahr
die Ernte zu erwarten war.

Dann hieß es eine Kelter bau'n.
Er zog um alles einen Zaun.

Nun macht er überall bekannt,
er suche Pächter für sein Land,

die alles schön in Ordnung halten,
sorgfältig pflegen und verwalten.

Wenn erst der Zeitpunkt ist erschienen,
gehört ein Teil der Ernte ihnen.

„Der andre Teil gehört dann mir",
sprach er, „als meine Pachtgebühr."

Die Pächter, die sich dafür fanden,
war'n auch mit allem einverstanden

und unterschrieben alles gerne.
Der Mann zog fort, weit in die Ferne.

Dort hat, weit hinterm Horizont,
er nun für lange Zeit gewohnt,

ist auch beständig dort geblieben,
hat dann jedoch, im Jahre sieben,

an einem schönen Spätherbsttage,
gedacht an seine Geldanlage.

Das Geld käm' ihm jetzt grade recht.
So sagte er zu seinem Knecht:

„Zieh hin in meinen Heimatort
und lass dir von den Pächtern dort,

die da von meinem Weinberg leben,
doch meinen Teil der Ernte geben!"

Nach gut drei Tagen kam der Mann
beim Weinberg seines Herren an

und sah die Pächter voll Entzücken
die dicken, süßen Trauben pflücken.

Wie reichlich war da der Ertrag!
Er sagte freundlich: „Guten Tag,

'nen schönen Gruß von meinem Herrn!
Er hätt' jetzt seine Ernte gern.

Er musste sieben Jahre warten
auf den Ertrag aus seinem Garten.

Nun ist die Ernte ja gekommen.
Die hätt' ich jetzt gern mitgenommen."

Die Pächter guckten erst den Mann
und dann sich untereinander an.

Der Weinberg war wohl nicht geschenkt?
Das hatten sie total verdrängt!

Sie fühlten sich wie Eigentümer
und schimpften immer ungestümer:

„Was willst du? Du willst unsre Trauben,
die Früchte unsrer Arbeit rauben?

Du bist ja wohl nicht recht bei Trost!"
Sie drängten wütend und erbost

den Mann hinweg von ihren Reben.
Der wollt' sich nicht zufrieden geben.

Noch mehr erregend ihren Zorn
begann er noch einmal von vorn:

„Mein Herr, dem dieses Land gehört ..."
Da waren sie noch mehr empört

und prügelten mit Stock und Stein
und Winzermesser auf ihn ein.

Voll Schmerz, voll Blut und blau gefleckt
hat ihn ein guter Mensch entdeckt

und von der Straße aufgelesen.
Der pflegte ihn, bis er genesen.

Als er gesund, nicht völlig zwar,
doch zu der Reise fähig war,

fuhr er zu seinem Herrn zurück,
berichtete dies starke Stück.

Da hat sein Herr gleich wutentbrannt
drei andre Knechte ausgesandt.

Doch einer nur kam davon wieder –
es fehlten rechts drei Fingerglieder,

links war der Unterarm gebrochen
und fast ein Auge ausgestochen.

Und er erzählte tief erschüttert,
dass die, weil sie Gefahr gewittert,

zwei Knechte gleich getötet hätten.
Er selbst konnt' sich mit Mühe retten.

In jenem Land war ehedem
nicht sehr stabil das Rechtssystem.

Man hat sich, was man wollt', genommen
und, wenn man stark war, auch bekommen.

Nun wär's hier, wie die Zeiten waren,
durchaus das übliche Verfahren,

'ne Söldnertruppe anzuheuern,
die dann die bösen Pächter feuern.

Die Möglichkeit stand ihm auch offen.
Doch wollte er auf Frieden hoffen.

Er wollte diesen Gaunern eben
noch eine letzte Chance geben.

Den Plan dazu, den hatt' er schon:
„Ich sende meinen eignen Sohn!

Dem werden sie, wenn auch nur leisen,
doch immerhin Respekt erweisen ...

ihn nicht behandeln mit der schlechten
Moral – wie einst bei meinen Knechten."

Doch es ist schlimmer als es scheint!
Es war zwar herzensgut gemeint,

was der Besitzer hier geplant,
doch hat er einfach nicht geahnt,

wie bös die Menschen können sein:
verdorben, fies und hundsgemein.

Als nun die bösen Pächter sahen
den Sohn sich diesem Weinberg nahen,

da sagten sie: „Der Kerl muss sterben!
Dann werden wir den Weinberg erben."

Was sie dann ruchlos auch gleich taten:
erschlugen ihn mit einem Spaten.

Als Jesus alles dies erzählt,
hat er die Frage auch gestellt

den Menschen ringsum, die ihn hörten,
den Priestern auch und Schriftgelehrten:

„Was wird der Herr des Weinbergs nun
mit diesen Schwerverbrechern tun?“

„Umbringen!“, schrie man aufgebracht.
„Und er gibt’s anderen zur Pacht!“

Doch schweigend hab’n sich abgewandt
die Schriftgelehrten, die erkannt

(sie waren nämlich gar nicht blöde):
Hier ist von ihnen selbst die Rede!

Sie wären selber gern durch Morden
den Rabbi Jesus losgeworden.

Matthäus 21, 33–43; Markus 12, 1–12;
Lukas 20, 9–19

Die königliche Hochzeit

Der König Irgendwer der vierte,
der einst ein schönes Land regierte,

beschloss in seiner Monarchie
(zum Fortbestand der Dynastie),

so wie es damals üblich war,
aus aller edlen Damen Schar

die Edelste selbst auszuwählen
und seinem Sohne zu vermählen.

Die Hochzeit sollte festlich sein –
drum lud er Prominente ein.

Die Boten gingen weit ins Land
und gaben den Termin bekannt.

Der sei doch bitte – ließ er sagen –
fest im Kalender einzutragen.

Es sei zwar noch ein bisschen Zeit –
sie kriegten dann noch mal Bescheid.

Und schon begann ein reges Treiben.
Der Schlosshof konnte nicht so bleiben,

er kriegte gleich ein neues Pflaster.
Der Garten war fast ein Desaster –

man pflanzte Blumen neu und Bäume.
Erst recht die vielen Innenräume,

die lange niemand mehr betreten:
Die kriegten neue Stofftapeten.

Was lange schon nicht mehr genutzt,
das wurd' gepinselt und geputzt,

mit hundert Kerzen hell belichtet,
die Gästezimmer hergerichtet.

Der Festsaal, wo man feiern wollt',
der glänzt in Indigo und Gold.

Man nahm für jenen großen Tag
Hilfsköche auch unter Vertrag

und Zimmermädchen, Pferdeknechte,
und für den Tanz durch wilde Nächte

noch manchen guten Musikus.
Kurz: Alles gab's im Überfluss.

Von edlen Speisen ganz zu schweigen,
darunter sich die Tische beugen:

von Braten- und Gemüseplatten
bis zu den herrlichsten Salaten.

Exotische Delikatessen
soll'n alle Hochzeitsgäste essen.

Den allerbesten, edlen Wein,
den lagern sie im Keller ein

in guten alten Eichenfässern.
Jetzt ist fast nichts mehr zu verbessern,

denkt man bei Hof, vom Stress benommen.
Nun gut – der große Tag kann kommen!

Des Königs Herold läuft erneut,
sagt allen an: „Es ist soweit!

Der König lädt euch herzlich ein,
zum Fest rechtzeitig da zu sein."

Welch Überraschung dann jedoch:
Absagen kriegt er, noch und noch!

Der eine kaufte sich ein Feld,
das ihn vor neue Pflichten stellt.

Der nächste kaufte Ochsen, zehn –
jetzt muss er hin und sie beseh'n.

Der dritte hat 'ne Frau genommen
und kann aus diesem Grund nicht kommen.

Der Herold spürt es, wie sie mauern,
auch wenn sie's offiziell bedauern.

Der König, als er dieses hört',
war erst erschrocken, dann empört

und dann so wütend, dass er tobte,
und auch der Prinz und die Verlobte.

Sie war'n sich alle darin einig:
Die Gründe sind doch fadenscheinig!

Da man ein solches großes Fest
sich meistens nicht entgehen lässt,

so schließt der König draus für sich:
Die haben etwas gegen mich!

Na gut, denkt er, ihr könnt mich mal!
Er sieht den leeren Hochzeitssaal,

so bunt und festlich ausgeschmückt,
und denkt, es wäre doch verrückt,

die ganze Feier abzublasen!
Was wird aus den gebrat'nen Hasen?

Wer isst das Obst und die Pasteten?
Wer tanzt nach den bestellten Flöten?

Wer isst den Kuchen, trinkt den Wein?
Im Keller alles speichern? Nein!

Das wird am Ende doch nur schlecht!
Nein, denkt er trotzig, jetzt erst recht!

„Geht!", schickt die Boten er: „Noch heute!
Und ladet alle armen Leute!

Die Lahmen, Bettler und die Blinden
und wen ihr sonst da könnt noch finden.

Sagt, dass ihr Herr sie laden lässt
zu einem reichen, frohen Fest!"

Die Boten guckten zwar verstohlen,
doch taten sie, was er befohlen,

bis sie die armen Leute brachten,
und dann dem König Meldung machten:

„Wir brachten alle die herbei,
doch immer noch sind Stühle frei."

„Geht raus, auf Straßen und auf Gassen!
Und alle, die sich rufen lassen –

wer sie auch sind, ist ganz egal –
die ladet ein zum Festtagsmahl!"

Und so geschah's. Sie kamen alle.
Allmählich füllte sich die Halle.

Sie setzen sich ohn' Schuldgefühle
mit schmutz'gen Kleidern auf die Stühle.

Die Lahmen stapften voll Entzücken
auf das Parkett mit ihren Krücken.

Auch gab es dabei manche Kranken,
die gar nicht aus den Gläsern tranken:

Sie tranken einfach aus den Flaschen,
sie rochen auch recht ungewaschen.

Und als sie alles ausgetrunken,
da haben sie noch mehr gestunken.

Die Blinden sich nicht führen ließen,
sie tasteten, und dabei stießen

sie hastig Gläser von den Tischen,
um auch noch etwas zu erwischen.

Es tropfte heißes Bratenfett
herab aufs Ebenholzparkett,

wo es sich mit dem Rotwein mengte.
Ein jeder schob, ein jeder drängte,

bis auch die weißen Damastdecken
verkrumpelt waren, voller Flecken

von Saucen, Wein und Marmelade.
Der zarte Klang der Serenade

ward übertönt vom Löffeln, Kratzen,
vom Rülpsen, Jubeln und vom Schmatzen.

Das Durcheinander war unendlich
und konnt' – das ist wohl auch verständlich –

den Hof- und Zeremonienmeistern
nicht Freude machen, noch begeistern.

Der König aber sah den Tanz,
im Auge einen stillen Glanz.

Sehr glücklich war er und zufrieden,
dass ihm die Freude war beschieden,

so viele Menschen froh zu machen.
Denn solche Freude, solches Lachen,

solch wilden Jubel, lautes Leben
hat's in dem Saal noch nie gegeben.

Was hat er heut für Glück erfahren!
Man wird wohl noch in hundert Jahren

in Versen, Liedern und Geschichten
von diesem schönen Fest berichten.

Ob dann auch Braut und Bräutigam
an dem Vergnügen Anteil nahm?

Was dachte wohl der Königssohn?
Darüber schweigt die Tradition.

Wir aber lernen aus der Sache,
wie Gott es mit den Menschen mache:

Er lädt die Menschen zu sich ein,
und will mit ihnen fröhlich sein.

Wer nun missachtet seine Huld
und wegbleibt, der ist selber schuld.

Wer immer auch sich laden lässt,
der ist willkommen bei dem Fest.

Matthäus 22, 1–14; Lukas 14, 16–24

Vom bösen Knecht

Ein Mann hatt' lange schon den leisen
Wunsch, einmal länger zu verreisen,

um mal die weite Welt zu sehen,
und auch Geschäften nachzugehen.

Denn dieser Mann gehörte nicht
zur unteren sozialen Schicht.

Im Gegenteil, er hatte Geld,
Bekannte auch in aller Welt,

mit denen er stets Handel trieb,
von dem nicht wenig ihm verblieb.

So rief er einen von den Knechten
und sprach: „Du siehst hier nach dem Rechten!

Ich muss mal für 'ne Weile fort.
Mein Stellvertreter hier vor Ort,

um auf den Hof gut aufzupassen,
bist du! Kann ich mich drauf verlassen?"

Der Knecht, weil froh und stolz er war,
sprach zu dem Herrn: „Okay, geht klar!"

„Du weißt ja, was zu machen ist,
weil du schon lang im Hause bist.

Sei sorgsam, fleißig und bescheiden!
Acht' auf die Gärten, Äcker, Weiden,

auf Stall und Vieh. Ich überlasse
dir auch den Schlüssel für die Kasse.

Mach sparsamen Gebrauch davon!
Gib allen andern ihren Lohn!

Verkaufst du eine von den Kühen,
dann lass nicht über'n Tisch dich ziehen!

Und sollt' ich dann zurück nicht sein –
dann bringt mir auch die Ernte ein.

Du weißt: Der Zeitpunkt ist sehr wichtig.
Na ja, du machst schon alles richtig!"

Am nächsten Tag mit frohem Sinn
schwang er sich auf die Eselin,

ritt winkend fort von Hof und Haus –
froh in die weite Welt hinaus.

Kaum schwand er hinter einem Hügel,
droht schon der Oberknecht mit Prügel

den Mägden und den andern Knechten,
wenn sie nicht gleich sein Frühstück brächten.

„Los! An die Arbeit geht's! Geschwind!
Ab heut' weht hier ein andrer Wind!"

Da eilten gleich die Mitarbeiter
und dachten sich: Das wird ja heiter!

Tatsächlich war's erst der Beginn.
Der Oberknecht mit stolzem Sinn

riss an sich Gold und Macht und Ehre,
als ob er selbst der Gutsherr wäre.

Er trieb die Leut', so schnell es geht
zu schuften eifrig früh bis spät.

Und schien ihm was sich nicht zu ziemen,
zog er eins über mit dem Riemen.

Und hat mal einer was vergessen,
kriegt er drei Tage nichts zu essen.

Hat einer mal zu ruh'n gewagt,
sich nicht von früh bis spät geplagt,

so kriegt er wen'ger Lohn gezahlt.
Der Oberknecht hat frech geprahlt,

das würd' nur recht und billig sein –
und steckt' den Rest sich selber ein.

Auch hat er schließlich ungeniert
mit Küchenmädchen rumpoussiert.

Lud sich das Beste auf den Teller,
holt' edlen Wein sich aus dem Keller.

Wurd' stets bedient, gönnt' immerzu
sich viel, den andern keine Ruh.

Je mehr dabei die Zeit verrann,
je sich'rer fühlte sich der Mann.

Er dachte an den Herrn nicht mehr
und meinte, dass er's selber wär.

Die ganze Ordnung war verschoben.
Er kaufte teure Seidenroben,

er ritt auf einem edlen Schimmel
und fühlte sich im siebten Himmel ...

und dafür hat er ungeniert
des Gutsherrn Haushalt ruiniert,

weil er viel Geld daraus entnommen.
Doch dann – es musste ja so kommen –

begab sich's, dass – glücklicherweise –
der Herr zurückkam von der Reise.

Die Knechte, die im Freien werkten,
von ferne ihn zuerst bemerkten.

Sie rannten hin, die guten Leute,
so laut, dass fast der Esel scheute,

begrüßten froh ihn mit Hurra:
„Wie gut, Herr – du bist wieder da!

Du ahnst ja nicht, wie wir uns freu'n!"
Und sie erzählten ihm haarklein,

was sich so alles in den Tagen,
als er nicht da war, zugetragen.

Der Gutsherr war zutiefst entsetzt
und rief erbost: „Dem zeig ich's jetzt!

Mit diesem Gauner ist es aus!"
Er lief und stürmte in sein Haus,

wo dieser Kerl am Vormittag
noch schnarchend auf dem Sofa lag.

Was dann geschah, kann man sich denken.
Wir woll'n uns nicht hineinversenken.

Man soll an andrer Leute Leiden,
auch wenn's verdient ist, sich nicht weiden.

Schlimm ist die Strafe, die ihm blüht,
wenn sie auch ganz zu Recht geschieht.

Wenn Jesus wiederkommt – und sei's
an einem Tag, den niemand weiß –,

soll er mich nicht in Schlaf und Sünden,
doch treu, gerecht und wachend finden.

Matthäus 24, 45–51; Lukas 12, 41–46

Die klugen und die törichten Jungfrauen

Es gab seit vielen Jahren schon
in Israel die Tradition

(sie lässt sich sicher nicht vergleichen
mit uns bekannten Hochzeitsbräuchen):

Zuweilen hat der Bräutigam,
wenn er vom Nachbardorfe kam,

'nen weiten Weg zurückzulegen.
Da gehen Mädchen ihm entgegen,

die bei der Braut sich lang bewährten
als Freundinnen und Spielgefährten.

In einem Festzug, froh und laut,
führ'n sie ihn zu dem Haus der Braut,

wo mit dem lang ersehnten Mann
das große Fest beginnen kann.

Nun kam's, dass einst zehn junge Damen
dem Bräutigam entgegenkamen.

Fünf war'n beschränkt, fünf waren helle.
Weit draußen, an markanter Stelle,

gab's einen eingezäunten Garten –
da wollten auf den Mann sie warten.

Die Sonne ging im Westen unter.
Trotz Dunkelheit war'n sie sehr munter.

Sie hatten nämlich Lampen mit,
die leuchteten auf jedem Schritt.

Sie ließen sich am Wegrand nieder
und sangen Volks- und Liebeslieder,

um dann mit Kichern, Schwatzen, Klönen
die Wartezeit sich zu verschönen.

Es wurde schon bald Mitternacht.
Er kam und kam nicht! Der Verdacht

sich nun in ihre Köpfe schlich:
Der lässt wohl seine Braut im Stich?

Müd' legten sie im Lampenschein
sich flach ins Gras – und schliefen ein.

Da, plötzlich! Unterm Sternenhimmel
erklang ein festliches Getümmel.

Das weckte sie aus ihrem Schlummer.
Doch ihre Lampen – welch ein Kummer! –

hab'n nur geflackert und geraucht:
Das Öl darin war fast verbraucht.

Nun galt die altbewährte Regel:
Wer ohne Licht kommt, ist ein Flegel.

Unmöglich, dass im Festzug rannte
ein Mensch, bei dem kein Lämpchen brannte!

„Macht nichts!“, die kluge Hälfte sprach
und füllte Öl aus Fläschchen nach.

Für einen Menschen, der weitsichtig,
ist eine Notreserve wichtig.

Doch leider ohne Vorbereiten
war’n die fünf weniger Gescheiten.

Was nützt das Warten in der Nacht,
das Hochzeitskleid, die Festzugspracht,

was nützen Ringe, Ketten, Broschen,
wo nun die Lichter sind verloschen?

„Wir haben nicht daran gedacht,
dass es bis weit nach Mitternacht

mit seiner Ankunft dauern könnt’,
so dass das ganze Öl verbrennt.

Gebt uns von eurem angesichts
der Dunkelheit! Wir haben nichts.

Seht doch, wie unser Docht nur glimmt!“
„Nein“, sagten freundlich, doch bestimmt

die andern. „Nehmt es uns nicht krumm.
Das Öl zu teilen wäre dumm.

Denn gäben wir aus unsern Krügen,
würd’ es für alle nicht genügen.

Versucht doch schnell nach Haus zu laufen
und irgendwo noch Öl zu kaufen.“

Und während daraufhin die einen
sich mit dem Hochzeitszug vereinen,

da müssen leider jene andern
enttäuscht im Dunkeln heimwärts wandern.

Sie trommeln – das ist gar nicht nett –
den Ölverkäufer aus dem Bett.

Der fordert grummelnd Nachtzuschlag.
Und dann – fast ist's schon wieder Tag –

sind sie beim Festsaal, steh'n davor
und klopfen heftig an das Tor.

Doch niemand öffnet, niemand guckt.
Ihr Klopfen wird vom Lärm verschluckt,

da Musizieren, Tanzen, Singen
und Lachen aus dem Festsaal dringen.

Enttäuscht, verbittert und voll Zorn
beginnen sie noch mal von vorn:

Sie poltern, dass es nur so hallt.
Da öffnet sich das Tor 'nen Spalt.

„Bist du der Bräut'gam? Sei gegrüßt!
Brautjungfern sind wir, wie du siehst."

Jedoch der fesche junge Mann
schaut sich die Fünfe zweifelnd an.

„Ihr wart beim Zug nicht mit 'nem Licht!
Verschwindet, denn ich kenn' euch nicht!

Auch ist mit wutverzerrten Mienen
noch nie ein Mensch zum Fest erschienen.

Das würde nur die Stimmung trüben
bei uns, die Tanz und Lachen lieben.

Ihr passt hier nicht! Verschwindet bloß!"
Und krachend fällt die Tür ins Schloss.

Da steh'n sie nun, mit nassen Wangen,
und wissen nicht, was anzufangen.

Sie gehen heim, der Gang ist schwer.
Die Musik klingt noch hinterher.

Vom Fest sind sie nun ausgeschlossen.
Sie gehen schweigend und verdrossen,

frustriert, erbittert und belämmert.
Im Osten schon der Morgen dämmert.

O ja, wir wollen uns beizeiten
auf Jesu Ankunft vorbereiten.

Das Öl sei in der Schrift, so heißt es,
zumeist ein Bild des Heil'gen Geistes.

Er gebe, dass es uns am Öle
– sprich: an dem Heil'gen Geist – nicht fehle!

Wohl dem, der auch in tiefster Nacht
für ihn bereit in Treue wacht!

Matthäus 25, 1–13

Von den anvertrauten Zentnern

Es war einmal ein Unternehmer,
der lebte reicher und bequemer

als alles Volk. In seinen Villen
konnt' er sich jeden Wunsch erfüllen.

Doch leider – die Geschäfte ließen
nicht zu, das alles zu genießen.

Grad jetzt rief eine läst'ge Pflicht,
ob er nun wollte oder nicht,

ihn in ein weit entferntes Land,
mit dem ein Handel ihn verband.

Er rief den ersten Prokurist.
„Ich weiß, dass du sehr tüchtig bist.

Fünf Zentner Silber", sagte er,
„will ich dir heute, voll und schwer,

in die bewährten Hände legen.
Das ist ein ziemliches Vermögen.

Sollst es natürlich nicht behalten,
du sollst es nur für mich verwalten!"

Dann rief er einen zweiten Mann,
vertraute ihm zwei Zentner an.

Und dann, ein paar Minuten später,
rief er den dritten Stellvertreter.

Ihm schien, der wäre nicht so tüchtig,
drum hielt der Kaufmann es für richtig,

die Hälfte, einen Zentner eben,
treuhänderisch zu übergeben.

Er reiste fort und ließ nun seine
Vertreter mit dem Geld alleine.

Der erste investiert' mit Pfiff:
Er kaufte sich ein Segelschiff,

ein altes, gar nicht überteuert.
Hat eine Mannschaft angeheuert

und fuhr nun auf dem Mittelmeer
bald kreuz und quer und hin und her.

Von Zypern bracht' als Unternehmer
er Kupfer in das Reich der Römer,

versuchte Ebenholz und Affen
von Afrika nach Rom zu schaffen.

Und von Italien bracht' er Glas
nach Griechenland, die liebten das.

Den Traubensaft, zu Wein vergoren,
in großen tönernen Amphoren,

das Öl von den Olivenbäumen,
Bildwerke, wunderschön zum Träumen –

all sowas brachte er von da
hinab nach Alexandria.

Und von Ägypten brachte er
ganz viel Getreide übers Meer.

Denn, sagt' er sich, den guten Weizen
braucht alle Welt, da heißt's: nicht geizen.

Er brachte manche Utensilien
von Ost und Westen nach Sizilien.

Und Glas und Eisen bracht' er fix
nach Gallien rauf, zum Asterix.

Scheut sich auch nicht, geschliffne Waffen
da, wo grad Krieg war, hinzuschaffen.

Damaskus macht' die besten Klingen –
die galt's, in Krisenherde bringen.

Wo immer irgendwas tut not,
wo lockt ein gutes Angebot,

der Stellvertreter hat dafür
ein feines Näschen, ein Gespür.

Und immer kostet's nach der Reise
ein Vielfaches der Einkaufspreise.

So wächst und wächst der Aktivposten
nach Abzug aller Nebenkosten.

Es sammelt sich, des Fleißes wegen,
ein ganz beachtliches Vermögen,

das sich auch weiterhin vermehrt –
doch freilich seinem Herrn gehört.

Weil nun der zweite Prokurist
nicht ganz so reisefreudig ist,

blieb redlich er im Land und steckte
das Geld in stillere Projekte.

Etwa indem er sich versucht'
mit der Kamel- und Pferdezucht.

Mit Aufzucht und Verkauf von Fohlen
war eine Menge Geld zu holen.

Damit nicht ganz der Handel fehle,
verlieh er aber Lastkamele

'nem Kaufmann – voller Hintersinn:
für einen Anteil am Gewinn.

Es handelten die Karawanen
mit Bernstein von den Nordgermanen,

Weihrauch, zu religiösen Zwecken,
mit Farbstoff von den Purpurschnecken.

Und sie gewannen dabei reichlich.
Bei jedem dieser unvergleichlich

erworb'nen silbernen Talente
bekam der Prokurist Prozente.

So sah er seine Geldanlagen
allmählich reiche Früchte tragen.

Der dritte Knecht des reichen Herrn,
der machte so was gar nicht gern.

Kamele, Schiffe – nein, er fand,
das wäre alles zu riskant.

Unsich're Karawanenstraßen
– mit Räubern ist meist nicht zu spaßen! –,

das Wasser, das ja in der Tat
bekanntlich keine Balken hat,

das alles ist ihm nicht geheuer!
Er ist kein Freund vom Abenteuer.

Und außerdem – so etwas wagen
heißt auch, Verantwortung zu tragen!

Und dafür fühlt er sich zu schwach.
„Geld bringt viel Stress und Ungemach.

Am besten ist's, wenn ich's verstecke
und setz' mich in die Sofaecke!

Da kann mir in den nächsten Jahren
nichts allzu Schlimmes widerfahren!"

Er ging aufs Feld hinaus bei Nacht.
Dort grub er einen tiefen Schacht

und legt' den Sack mit Silber rein,
füllt' zu, und dann bei Mondenschein

hat oben alles er geglättet.
Heim ging's! Die Zukunft war gerettet!

Dann war es unverhofft soweit:
Nach langer, ziemlich langer Zeit

des Wirkens – oder auch der Pause –
der Eigentümer kam nach Hause.

Nun wollt' er hören und auch sehen:
„Was ist mit meinem Geld geschehen?"

Der erste Knecht, der mit Bedacht,
was er besaß, zu Geld gemacht,

der schleppt zehn Zentner Silber an.
„Hier siehst du, was dein Geld getan!

Fünf Zentner hatt' ich am Beginn.
Nochmal das Gleiche ist Gewinn."

„Sehr gut!", sein Herr und Meister strahlt.
„Das Silber, das ich dir bezahlt,

hast du verdoppelt mit Geschick,
mit Fleiß vor allem und mit Glück.

Du hast die Treue mir gehalten.
Drum sollst du künftig mehr verwalten!

Ein tücht'ger Mensch ist allemal
mein allergrößtes Kapital!"

Dann war's ihm, als der zweite Knecht
vier Zentner bracht', genauso recht.

Er sprach: „Ein großes Lob für beide!
An euch, da hab ich meine Freude!"

Dann trat der Dritte vor ihn hin.
„Du weißt, Herr, dass ich ehrlich bin.

Ich dachte mir – bei deiner Strenge:
Vielleicht fällt's Räubern in die Fänge?

Vielleicht sind's Diebe, die was stehlen?
Dann würde dir dein Silber fehlen!

Dann kriegte ich statt jener Diebe
die Kerkerstrafe und die Hiebe!

Oh nein! Sollst alles wiederhaben!
Drum habe ich's im Feld vergraben.

Hier ist nun das, was dir gehört!" –
und hat den Geldsack ausgeleert.

Den Eigentümer packt' die Wut.
Er sprach: „Wenn einer gar nichts tut

mit Geld, das ich ihm anbefohlen,
dann ist's, als hätt' er mich bestohlen!

Ich gab dir viel! Ist das der Dank?
Warum gabst du es nicht zur Bank?

Nun bringst du's ohne Zins zurück!
Hau ab! Du bist ein faules Stück!"

Wohl jedem Menschen für sein Leben
hat Gott Talente mitgegeben.

Mit denen sollen wir was wagen,
will Jesus mit dem Gleichnis sagen.

Wer Fähigkeit, Gesundheit, Geld
und Können nur für sich behält,

dem wird auch das zum Schluss genommen,
was er zunächst von Gott bekommen.

Wer aber das für Gott setzt ein,
vermehrt's damit. Gott wird es freu'n.

Es lohnt sich – unter Garantie –
ein geistliches Monopoly!

Matthäus 25, 14–30

Der barmherzige Samariter

Ein Mann, von dem sonst nichts bekannt,
zog einmal durch das wüste Land,

das von Jerusalem abfiel
nach Jericho. Dort war sein Ziel.

Weil dieses trockne Land so wüst
und nur sehr dünn besiedelt ist,

gibt's an so mancher dunklen Stelle
doch immer wieder Überfälle.

Noch nie gelang's, sie ganz zu säubern
von Wegelagerern und Räubern.

Nichts Böses ahnend, reisefroh
hätt' dieser Mann in Jericho

den Patenonkel gern besucht.
Der Weg führt ihn durch eine Schlucht.

Da lagen leider böse Leute,
die warteten auf fette Beute –

grad hinter einem Ginsterstrauch –
mit Dolch und Knüppel auf dem Bauch.

Als nun der Mann, der dies nicht wusste,
an jenem Strauch vorüber musste,

da sprangen, zu des Wandrers Schreck,
sie brüllend hoch aus dem Versteck,

um, ohne Hass und Gier zu zügeln,
ganz furchtbar auf ihn einzuprügeln.

Sie schlugen, stachen dann sogar
den Mann, der unbewaffnet war.

So lag er schließlich blutend da
mit Atemnot, der Ohnmacht nah,

und Hemd und Haut und Fleisch zerstochen,
ein Zahn war weg, ein Arm gebrochen.

Dann trat ihn so ein böser Bube
auch noch in seine Magengrube.

Er musst' sich keuchend übergeben.
Doch immerhin, er war am Leben.

Dass er nur wenig Geld besaß –
natürlich ärgerte sie das!

So nahmen sie zum Ausgleich leider
noch seine Schuhe und die Kleider

und dann verschwanden sie behände.
Er dachte nur: „Das ist das Ende!

Noch ein paar wenige Minuten,
dann werd' ich elendig verbluten."

Da hört' er Schritte auf dem Kies.
„Nanu", dacht' er, „wer ist denn dies?"

Und mühsam hebt' der arme Tropf
nun seinen schwer verletzten Kopf.

Was er da sieht, die Hoffnung nährt,
dass doch noch Glück ihm widerfährt:

Ein Priester kommt! Ein frommer Mann!
Wenn der nicht helfen wird, wer dann?

Die Hoffnung in Enttäuschung endet,
als sich der Mann zur Seite wendet,

als hätte er ihn nicht gesehn,
um schnell an ihm vorbeizugehn.

Er fürchtete, der wär' schon tot,
und leider gab's da ein Gebot,

dass es zur Unreinheit müsst' führen,
würd' eine Leiche er berühren.

Und das beim Priester! Außerdem
wär' helfen hier recht unbequem.

Er rennt davon und denkt dabei,
dass dies nicht seine Sache sei.

Spürt er den Vorwurf in den Blicken
des Sterbenden in seinem Rücken?

Ein Zweiter kommt mit schnellem Schritt.
Und diesmal ist es ein Levit,

der ähnlich wie der erste Mann
am Tempel seinen Dienst getan.

„Aha“, denkt der, „ein Überfall!
Man sieht die schlechte Volksmoral!

Vielleicht sind, die den Ärmsten da
geschlagen haben, noch ganz nah!

Ich haue ab und lass den liegen,
damit sie mich nicht auch noch kriegen!“

Er blickt nach allen Seiten scheu,
und voller Angst huscht er vorbei.

Fort sind nun alle Übeltäter.
Dann kommt ein Mann, ein wenig später,

auf einem Esel angeritten.
Man hört es an den Trippelschritten.

Der sieht den schwer verletzten Mann
und lenkt das Tier zu ihm heran,

steigt ab, spricht tröstend auf ihn ein,
wäscht Wunden aus mit etwas Wein.

Dann gießt er Öl in seine Wunden,
im Nu ist auch der Arm verbunden,

müht sich zu heben und zu drücken
den Mann auf seines Esels Rücken.

Behutsam leitet er sodann
das Tier mit dem verletzten Mann,

wobei er Letzteren gut hält,
damit er nicht herunterfällt.

Zum Glück gibt es dort irgendwo
auf halbem Weg nach Jericho

an dieser Straße nahebei
'ne alte Karawanserei.

Dahin bringt dieser Mann den Kranken.
Der hat kaum Kraft, dafür zu danken.

Sein Kopf, umnebelt und geschwächt,
kann nur noch denken: „Der macht's recht!

Das ist noch einer von den Guten!
Obwohl ... die Sprache lässt vermuten,

mein Retter, dieser Eselsritter,
ist sicher nur ein Samariter."

Der Herbergswirt half nun dem Gast
ganz vorsichtig und ohne Hast,

den Kranken in ein Bett zu legen,
wo er ihn gerne wollte pflegen.

Der Reisende gab ihm dafür
zwei Münzen und bestieg sein Tier.

Er trug ihm auf: Versorg den Mann,
bis er alleine laufen kann!

Gib ihm ein Kleid! Und kostet's mehr –
ich komme später wieder her,

dann zahle ich den Restbetrag."
Ritt los und wünschte guten Tag.

So hat es Jesus einst erzählt.
Als Beispiel hat er es gewählt,

zu zeigen, wie ein Mensch und Christ
für einen andern Nächster ist.

Lukas 10, 25–37

Der bittende Freund

Ein Mann wohnt in 'nem Haus ganz einsam.
Sein Freund und Nachbar lebt gemeinsam

mit Frau und Kindern nebenan.
Weil der erwähnte Single-Mann

nicht an 'ne Großfamilie denkt,
ist auch sein Vorrat sehr beschränkt.

Ein Freund besucht ihn, weit gereist,
den herzlich er willkommen heißt.

Er freut sich sehr. Wie ist das schön,
dass endlich sie sich wiedersehn!

Wie sie von alten Zeiten schwärmen
und sich an Wein und Ofen wärmen,

bringt die Gemütlichkeit zu zweit
Trost in des Mannes Einsamkeit.

Sie reden – dunkel wird's bereits.
Wie ist das herrlich – einerseits!

Doch andrerseits, denkt er mit Schrecken:
Er hat nichts, um den Tisch zu decken!

Das stürzt ihn in Verlegenheit.
Sein Gast, der reiste heut schon weit

und wird vermutlich Hunger leiden!
Er sagt zwar nichts, er ist bescheiden.

O nein – wie konnt' ich nur das Essen,
die Pflicht der Gastfreundschaft, vergessen!

Was nun? Ich frag' mal nebenan,
ob mir der Freund was borgen kann!

„Mein Lieber", sagt er zu dem Gast,
„ich denke, dass du Hunger hast.

Nur leider hab' ich nichts vom frischen
Brot oder Fleisch dir aufzutischen.

Du kennst mich – die Spontanität!
Zum Einkauf ist es jetzt zu spät.

Doch mach dir deshalb keine Sorgen –
ich kann mir nebenan was borgen."

„Tu so was nicht!", sagt der entschieden.
„Ich bin doch satt und hoch zufrieden!

Dein Nachbar liegt schon längst im Bett.
Ihn aufzuwecken, wär' nicht nett,

das stört den Schlaf, das raubt die Kraft –
aus mit der guten Nachbarschaft!

Auch schlafen bei ihm in der Kammer
vermutlich Kinder – welch Gejammer,

wenn du sie aus dem Schlafe schreckst,
dieweil du ihren Papa weckst!

Ich find das ziemlich unverschämt,
auch wenn er seinen Zorn verbrämt.

Man zieht sich mächtig Ärger zu,
stört man im Dorf die Abendruh,

fängt an zu lärmen, rumzulungern.
Lass sein! Ich werd' schon nicht verhungern!

Vermutlich wird er dir was geben.
Doch musst du dann mit Ärger leben."

Der andre lächelte in Ruhe
und sprach: „Ich weiß schon, was ich tue.

Der Mann ist nicht nur, was er scheint:
mein Nachbar – sondern auch mein Freund.

Bös wär er, wenn er mitbekäme,
dass, weil ich auf ihn Rücksicht nähme,

ich würde meine Pflicht verletzen,
dem Gaste etwas vorzusetzen,

statt mir von ihm ein Brot zu leihen!
Das wär viel schwerer zu verzeihen,

als dass ich ihn im Schlafe störe.
Nun warte, bis ich wiederkehre!"

Er geht, und kurze Zeit darauf
taucht er mit Broten wieder auf.

Er und sein Gast, die können nun
an reichlich Brot sich gütlich tun.

Doch ob der Nachbar nebenan
das alles hatte gern getan,

ob er ihm musst den Wunsch erfüllen
nur um des lieben Friedens willen,

ob er bereit war, diesem Lumpen
nur Zähne knirschend Brot zu pumpen,

damit nicht zwischen Tür und Angel
entsteht ein größeres Gerangel,

das dann erst recht die Kinder weckt,
ob mit der Tat er nur bezweckt,

dass der ihm notfalls auch was gibt,
ob er ihm hilft, weil er ihn liebt,

ob murrend oder gern er lieh,
ob nach der Unverschämtheit sie

auch weiter gute Nachbarn waren?
Das hat der Gast niemals erfahren.

Der Gastgeber hat jedenfalls
sein Brot – und ein Problem vom Hals.

„Und so" – hat Jesus einst gesagt –
„so bittet einfach Gott! Ihr fragt,

warum er euch wohl helfen sollte?
Weil er euch liebt! Weil er's so wollte!

Und scheint es euch auch unverschämt –
tragt eure Bitten vor! Und nehmt!"

Lukas 11, 5–13

Der reiche Kornbauer

Ein Bauer hat sein großes Feld
im Frühjahr ordentlich bestellt.

Dann wuchs das Korn erstaunlich prima
bei wirklich idealem Klima:

nicht allzu heiß, nicht allzu nass,
von allem grad das rechte Maß.

Und das Ergebnis sieht er heut:
ein Feld, das seinen Bauern freut!

Das Korn ist eine Augenweide.
Brusthoch steht dieses Brotgetreide.

Es neigen sich die vollen schweren,
goldgelben, körnerreichen Ähren.

Der Wind weht sanft darüber her
und bildet Wellen wie im Meer.

Das Bild des Bauern Herze labt.
Er denkt: Ich habe Glück gehabt.

Was mach' ich damit? Er macht Pläne.
Auch andre streift die Glückessträhne

mit guter Ernte, denkt der Landwirt.
Wenn aber dies am Markt bekannt wird,

dann fallen die Getreidepreise.
Ich denke mir, da ist es weise,

es nicht zum Kaufe anzubieten.
Ich werde es zu Hause hüten.

Wahrscheinlich wird im nächsten Jahr
das Wetter nicht so wunderbar.

Vielleicht gibt es ja überall
Insekten- oder Pilzbefall.

Ist so die Ernte ganz verdorrt,
dann merkt man das am Preis sofort.

Wenn nun die andern Bauern weinen,
dann öffne ich die Vorratsscheunen.

Und all die Säcke, die da liegen,
die werden, wo der Preis gestiegen,

für ganz viel schönes Geld sogleich
am Markt verkauft. Und ich bin reich!

Doch während er mit sich zufrieden
am Gucken ist und Pläne schmieden,

kommt ihm die Frage in den Sinn:
Wohin mit all dem Korn, wohin?

Die Scheune, wo ich bisher jährlich
die Ernte speich're, ist zu spärlich.

Zu klein für das, was ich jetzt hab'.
Ich reiße diesen Schuppen ab

und baue schnellstens dafür eine
viel größere und neue Scheune.

Das wird ein mut'ger Schritt nach vorn:
die Vorratshalle für mein Korn!

Noch vor der Ernte wird sie fertig!
Ich sehe sie schon gegenwärtig!

Die Augen über die fast reifen
verheißungsvollen Ähren schweifen,

sein innres Auge aber sieht,
was hoffentlich sehr bald geschieht:

auf hohem Dach vereint im Glanz
der Richtfest- und der Erntekranz.

Und er sieht schon in den Gedanken
die hochbelad'nen Wagen schwanken

durchs Tor, wo Säcke hundertfach
gelagert sind bis unters Dach.

Fahr'n leer hinaus die Erntewagen,
will er zu seiner Seele sagen:

Es ist geschafft! Ja, Seele, nun
ist reichlich Zeit, sich auszuruh'n!

Wir sind jetzt reich! Den Sekt entkorkt!
Du hast für Jahre ausgesorgt!

So wie, woran sein Aug' sich weidet,
vom innern Blick sich unterscheidet,

so ist's mit dem auch, was er hört.
Nach innen ist sein Sinn gekehrt.

In seinen Ohren rauscht der Wind.
Im innern Ohr Geräusche sind,

die sehr erschreckend sind und die
ihn reißen aus der Euphorie.

Er hört mit seinem innern Ohr,
wie Gott ihm sagt: Du bist ein Tor!

Du planst und planst, doch bei all jenen
hochtrabend großen Zukunftsplänen

hast du nur eines nicht bedacht.
Dies eine ist: Du stirbst heut' Nacht!

Du kannst dich nicht dagegen wehren.
Wem wird dann alles das gehören,

was du an Schätzen angehäuft,
wenn deine Uhr zu Ende läuft?

So geht es meist – nach Jesu Worten –
all denen, die hier Schätze horten.

Der Mensch nimmt nichts mit in den Tod,
ist er nicht reich in seinem Gott.

Lukas 12, 16–21

Das verlorene Schaf

Ein Hirt – bei Lukas steht's geschrieben –
hat seine Schafe heimgetrieben.

In einen Pferch sind sie getrottet,
den er dann gründlich abgeschottet.

Er nahm nicht an, es würd' eins fehlen –
trotzdem begann er nachzuzählen.

Er zählt und zählt ... und er erschrickt,
hat noch genauer hingeblickt.

„Bleibt doch mal steh'n! Denn euer Hirt
wird ja beim Zählen ganz verwirrt!"

Er zählt noch mal und denkt verwundert:
„Heut morgen waren es noch hundert!

Ich komm' auf neunundneunzig nur.
Nein, diese dumme Kreatur!

Muss von der Herde, meiner ganzen,
stets eines aus der Reihe tanzen?

Doch will ich schimpfen nicht, noch fluchen –
ich will zurück, um es zu suchen.

Hab' ja die Schafe alle lieb,
auch das, das in der Wüste blieb!"

Damit nicht noch mehr abgehau'n,
schließt er mit Sorgfalt seinen Zaun

und lässt die Herde dann alleine;
geht hin und sucht nur dieses eine.

Es eilte sehr – sein Schäfchen war
möglicherweise in Gefahr.

Durch einen Sturz kann's in dem steilen
Gebirge leicht der Tod ereilen.

Wahrscheinlich hat es sich verlaufen
und in der Wüste nichts zu saufen ...

Es liegt, vielleicht vor Durst umnachtet,
in einer Senke und verschmachtet ...

Vielleicht – denkt unser Hirt und zittert –
vielleicht hat es ein Wolf gewittert!

Vielleicht ist auch ein wilder Bär
schon hinter meinem Schäfchen her!

Vielleicht wurd' es auch unterdessen
von einem Leopard gefressen!

Die Angst beflügelt diesen Mann.
Er rennt, bis er fast nicht mehr kann,

den Weg zurück, den er genommen,
als mit der Herde er gekommen.

Und öfter muss erschöpft vom Laufen
er stehen bleiben und verschnaufen.

Laut ruft er – hoffend, dass sein Schaf
noch nicht ein größ'res Unglück traf.

Horch! Da! Es ruft ganz in der Näh
ein ängstlich-dünnes Stimmchen: „Bäh!“

Er meint, es käme da von links.
Er rennt dahin. Dort allerdings

wird ziemlich dicht das Dorngeflecht.
Hier durchzukriechen geht sehr schlecht.

Ein neues „Bäh“ ... Es kommt von vorn!
Ihn kümmert Nessel nicht noch Dorn,

er zwängt sich durch trotz Hindernissen,
Gewand und Haut sind bald zerrissen,

was ihn jedoch nur wenig kümmert –
ihm ist, als ob was Weißes schimmert

da, woher auch das Blöken kam!
Er jubelt laut: Es ist sein Lamm!

Voll Freude, aber mit Bedacht,
hat er das Schäfchen frei gemacht

von dem Gestrüpp, in dem verfangen
das arme Tier hat festgehangen.

Er zwängt sich durchs Gestrüpp zurück –
hebt hoch dabei das Tier voll Glück,

um ’s nicht den Dornen auszusetzen
und so noch weiter zu verletzen –

zum Weg, wo er es tiefbewegt
auf seine starken Schultern legt.

Das Schaf, obwohl nicht mehr gefangen,
es blökt noch immer voller Bangen.

Sein Lammesherz ist tief erschüttert,
so dass es ängstlich blickt und zittert.

Dann aber, nach nur kurzer Zeit:
Die Angst weicht der Geborgenheit.

Der Hirte geht, nun ohne Hast,
den Weg zurück mit seiner Last.

Vom Himmel fällt die Abendkühle.
Warm aber sind des Lamms Gefühle.

Vor Ankunft bei den andern Schafen
ist es beruhigt eingeschlafen.

Der Hirte aber schläft nicht ein!
Er möchte, dass sich alle freu'n

mit ihm: die lieben Anverwandten,
die Nachbarn, Freunde und Bekannten.

Er jubelt's allen in die Ohren:
„Denkt euch: Mein Schäfchen war verloren!

Jetzt aber ist es wieder hier!
Frisch und gesund! Freut euch mit mir!"

Dies Gleichnis von dem guten Hirten,
der nach dem Schaf sucht, dem verirrten,

hat Jesus sich einst ausgedacht.
Und dabei hat er klar gemacht:

Wie bei des Hirten Freudentrubel
so ist im Himmel lauter Jubel

bei Gott und seiner Engelschar,
wenn einer, der verloren war,

des Hirten Stimme nicht gehört,
wenn der ist endlich umgekehrt

und heimgekehrt ins Vaterhaus.
Das löst im Himmel Jubel aus!

Lukas 15, 4–7

Vom verlorenen Groschen

Sie wollte ihre Kette tragen
nur an besondren Feiertagen.

Ein Brautschmuck war es eigentlich,
den damals sie voll Freude sich

und stolz um ihren Hals gehangen,
als sie zum Hochzeitsfest gegangen.

Als Schmuck- und Wertanlage noch –
war'n Silbermünzen mit 'nem Loch

ganz einfach aufgefädelt nur
auf einer festen Leinenschnur.

Doch wie das Unglück es dann wollte:
es riss die Schnur! Das Silber rollte

in alle Winkel, alle Ecken,
als wollt' es boshaft sich verstecken.

„O nein!", hat diese Frau geschrien,
und lag sogleich auf ihren Knien,

um teils mit Fingern, teils mit Besen
die Münzen wieder aufzulesen.

So unterm Tisch und unter Bänken,
auch unterm Bett und hinter Schränken,

bei diesem Möbel, jenem Ding
fand sie so manchen Silberling.

Sie legte sie zurecht und zählte –
und sah mit Schrecken: Einer fehlte!

Sie suchte weiter, kroch nun auch
an manchen Stellen auf dem Bauch.

Sie trug den Teppich vor das Haus,
doch keine Münze fiel heraus.

Recht dreckig war's und unbequem –
der Boden war ja nur aus Lehm.

Sie dachte, kriechend so auf Erden:
„Hier müsste mal gesäubert werden!"

Fand hinter Truhe oder Kiste
auch manches, was sie lang vermisste.

Nur ihre Münze fand sie nicht.
Und sie entzündete ein Licht,

um manchen Winkel auszuleuchten,
den Mopp und Besen nie erreichten.

Doch nein, die Münze war nicht da.
Die Ärmste war den Tränen nah.

Doch da entdeckt' sie, Gott sei Dank,
ganz hinten unterm Küchenschrank

ein Loch, das Mäuse oder Ratten
wohl heimlich dort gegraben hatten,

um sich gelegentlich, verstohlen,
hier manchen Speiserest zu holen.

Da blinkte es im Licht der Kerzen!
Tatsächlich pult' mit frohem Herzen

sie ihren Schatz aus diesem Loch,
kam staubig, aber glücklich hoch

und legt' die Münze zu dem Rest.
Dann – weil sich nicht verschweigen lässt,

was glücklich macht uns ganz tief innen –
sie rannte zu den Nachbarinnen.

Mit ungezähmtem Redeschwall
berichtete sie überall:

„Die Hochzeitskette ist zerrissen!
Ein Geldstück musste ich vermissen.

Die andern hatt' ich bald gefunden,
doch dieses eine blieb verschwunden!

Ich habe überall gesucht!
Wir sind nun mal nicht so betucht,

dass mir mein Mann könnt' ohn Bedenken
grad eine neue Kette schenken.

Auch ist ja dieses Stück durchdrungen
von köstlichen Erinnerungen.

So war die Kette nicht zu tragen.
Was würde wohl mein Gatte sagen?

Doch da, zum guten Schlusse, als
ich resigniert mit Kloß im Hals

schon im Begriff war aufzustecken –
da konnte ich das Ding entdecken!

Jetzt ist die Kette wieder voll.
Freut euch mit mir! Ist das nicht toll?"

So ist's – hat Jesus einst gelehrt –
wenn sich ein Mensch von Gott abkehrt

und lebt nun fern von ihm, versteckt,
fast unerreichbar und verdreckt.

Wenn der sich aber finden lässt –
im Himmel gibt's ein Freudenfest,

ein Händeklatschen, Musizieren,
ein Lachen, Singen, Jubilieren,

ein Jauchzen, Tanzen auch zugleich,
bis in dem weiten Himmelreich

der letzte Engel hat's vernommen:
Ein Sünder ist nach Haus gekommen!

Lukas 15, 8–10

Die verlorenen Söhne

Kennt ihr dies Gleichnis über jene
verschiedenen verlor'nen Söhne?

Wovon der Ältere wunderbar
treu, fleißig und gehorsam war,

der andre – deutlich unterschieden –
aufmüpfig, faul und unzufrieden.

Der nun – mit seinem frechen Sinn –
trat keck vor seinen Vater hin

und sprach: „Ich werd' bei deinem Sterben
ein Teil von deinem Gelde erben.

Du bist zwar immer noch am Leben,
doch sollst du es mir heut schon geben.

Es steht mir zu! Drum gib es her!
Mir stinkt's, ich bleibe hier nicht mehr."

Worauf ihm der, wenn auch betrübt,
ein stattliches Vermögen gibt.

Er denkt: „Der bleibt nicht unter Zwang.
So geh' das Schicksal seinen Gang!

Vielleicht wird ihn das Leben lehren,
voll Reue wieder heimzukehren?"

Mit so viel schönem Silbergeld
dacht' sich der Sohn: Was kost' die Welt!

Er packte seine sieben Sachen,
um froh sich auf den Weg zu machen.

Wohin? Er ließ sich einfach treiben.
Er wollte nirgends lange bleiben,

schon gar nicht hier. So trieb es ihn
allmählich fort, nach Süden hin,

wo er in einem fernen Land
auch Freundinnen und Freunde fand.

Mit denen hatt' er reichlich Spaß –
solange er noch Geld besaß.

Doch Spaß und auch die Freundschaft schwand
proportional zum Kontostand.

Der Beutel wurde langsam leer,
und schließlich hatt' er gar nichts mehr.

Die Freunde haben ihn verlassen –
es gab ja nun nichts mehr zu prassen.

So viel er auch zunächst besessen –
nun musst' er betteln um sein Essen.

Grad jetzt stürzt' eine Dürre diese
Region in eine Wirtschaftskrise.

Da ist's – das leuchtet jedem ein –
besonders schwierig, arm zu sein.

Er hungerte ganz fürchterlich.
Ein reicher Mann erbarmte sich,

’nen Mini-Job ihm anzubieten:
Er sollte ihm die Säue hüten.

So sehen wir ihn zwischen Schweinen
im Schlamme sitzend leise weinen.

Wie war er einst voll Lebenslust ...
jetzt nur voll Jammer, Leid und Frust!

Vorbei sind Lachen, Feste, Spaß!
Er sehnt sich nach dem Schweinefraß

vor lauter Hunger, bill’gen Schoten.
Doch die zu essen ist verboten.

Er kann nichts in den Magen kriegen,
und Geld und Kraft und Stolz versiegen.

Da fing er an, in sich zu geh’n:
„Wie war’s bei meinem Vater schön!

Zwar gab’s da manche Last zu tragen,
doch immerhin mit vollem Magen.

So manchem Knecht mit Tageslohn
geht’s besser da als mir, dem Sohn.

Ich lag verkehrt. Ich seh’ es ein.
Vielleicht wird Vater mir verzeih’n

und wird mich dann zu Hause weiter
beschäftigen als Fronarbeiter?

Als er nach langer Wanderschaft
zerlumpt, am Ende seiner Kraft,

dem heimatlichen Hof kam nah,
der Vater ihn von weitem sah.

Er lief voll Freude zu ihm hin
und drückt' ihn an sich, küsste ihn

und nahm ihn auf mit off'nen Armen
voll Vaterliebe und Erbarmen.

Der Heimgekehrte, so umschlungen,
der stammelte Entschuldigungen.

„Ich hab' gesündigt. Ich seh's ein:
Ich bin nicht wert, dein Sohn zu sein."

Der Vater schleppte ihn ins Haus
und rief ein großes Feiern aus.

Er ließ sofort das Mastkalb schlachten,
was seine Knechte auch gleich machten.

Hat seine Lumpen, dünn, verdreckt,
gleich in den Küchenherd gesteckt.

Gewaschen stand der Sohn bald da
in einer edlen Tunika

und mit Sandalen an den Füßen,
als müsste er für gar nichts büßen.

Die Liebe noch viel weiter ging:
Er gab ihm den Familienring!

Erwies ihm so die Sohnesehre,
als wenn rein nichts gewesen wäre!

Inzwischen war der Mastkalbbraten
schön knusprig braun und gut geraten.

Es floss der Wein, es klangen wieder
die alten Volks- und Wanderlieder,

die Tenne war voll Kerzenglanz,
voll Bratenduft und Bauerntanz.

Der ält're Sohn war nicht anwesend.
Er hatte, fleißig Fallobst lesend,

weit weg vom Hof den Tag verbracht.
Jetzt kommt er heim, es ist bald Nacht.

Da hört er ungewohnte Klänge:
Gelächter, Jubeln und Gesänge.

Auch liegt ein zarter Bratenduft,
als er herankommt, in der Luft.

Da fragt er einen alten Knecht,
der grad vorbeikommt: „Hör ich recht?

Da singen sie! Was soll denn das?
Wird da gefeiert? Aber was?"

Der Knecht erklärt ihm, was geschah:
Sein Bruder sei nun wieder da,

der Vater freue sich so sehr
der unverhofften Wiederkehr.

Dann hat der Knecht ihn stehen lassen,
um ja vom Fest nichts zu verpassen.

Der Sohn ist wie vor'n Kopf geschlagen.
Der Ärger schlägt ihm auf den Magen,

und auf der Leber läuft 'ne Laus ...
Da kommt sein Vater zu ihm raus.

„Mein lieber Sohn, da bist du ja!
Dein Bruder ist nun wieder da!

Trotz seiner Schuld ist er mir teuer.
Das ist der Grund für diese Feier.

Komm, freue dich mit ihm und mir!"
„Dem Kerl gibst du ein Fest? Wofür?

Dafür dass er dein Geld genommen
und in der Welt herumgekommen?

Dass er uns hier im Stich gelassen,
das Geld mit Huren und mit Prassen

in seinem Leichtsinn durchgebracht?
Was hab' ich nur verkehrt gemacht,

dass du mich nie ein frohes Fest
mit meinen Freunden feiern lässt?

War's falsch, dir fleißig wie die Bienen
in Treue jahrelang zu dienen?

Hätt' ich, statt dir das Korn zu mähen,
statt hier zu pflanzen und zu säen,

zu pflügen deine Ackerschollen,
bei fremden Weibern liegen sollen?“

So schreit der Sohn und schäumt vor Wut.
Der Vater sagt: „Nein, es war gut,

dass du gewirkt mit Fleiß und Treue
seit Jahren, Tag für Tag aufs Neue.

Dein Korn, dein Acker war es wert –
weil mein Besitz auch dir gehört.

Hast du dein Werk zu Haus bereut?
Die Zeit – wie aller Menschen Zeit –

war sicherlich voll Wohl und Wehe.
Doch warst du stets in meiner Nähe.

Du hattest besser es als er.
Drum komm und ärger dich nicht mehr.

Im Gegenteil, du sollst dich freu'n!
Dein Bruder sah den Irrweg ein,

und wer das tut, der kann gesunden.
Er war verloren, ist gefunden.

Und darum freu' ich mich unbändig!
Tot war er, und ist nun lebendig.“

Was man aus der Geschichte lernt?
Tot ist, wer sich von Gott entfernt.

Doch wer von Unglaub und von Sünden
sich abkehrt, kann nach Hause finden.

Gott nimmt ihn mit Erbarmen an.
Wer meint, er hätt' stets recht getan

und Umkehr, die erübrigt sich –
ein solcher Mensch hat weder sich

noch Gottes Wesen je verstanden
noch andre, die zum Vater fanden.

Lukas 15, 11–32

Die bittende Witwe

In einem Städtchen, abgelegen,
erreichbar nur auf schlechten Wegen,

sodass, weil die Provinz so tief,
sich nie ein Fremder her verlief,

da sagten abends um halb acht
sich Fuchs und Hase gute Nacht.

Nun kann ein Nest, sei's noch so klein,
nicht ohn' lokale Größen sein.

Ein Ort, sei er noch so verloren,
braucht trotzdem Honoratioren.

Ein Richter war's in diesem Falle,
und ausgeliefert war'n ihm alle.

Willkürlich hat er Recht gesprochen.
Leicht fiel's ihm, jemand einzulochen

im Knast bei Wasser und bei Brot,
wenn der ihm nicht genügend bot.

Wobei es völlig kalt ihn ließ,
ob der die Unschuld ihm bewies.

Hat einer reichlich hingeblecht,
sprach er zu seinen Gunsten Recht.

So hat in ungestörter Ruh
– die Hände auf, die Augen zu –

er die Gerechtigkeit verletzt.
Es war ihm niemand vorgesetzt,

und keinen Chef gab's, den das juckte
und der ihm auf die Finger guckte.

Die armen Leute hatten's schwer,
die reichen gut. So macht sich der

Magister der Jurisprudenz
jahrzehntelang 'nen schönen Lenz.

Nun lebte eine arme Frau
im Ort, der ging es ziemlich mau,

weil ihr im vor-vorletzten Jahr
ihr Ehemann gestorben war.

Die kleinen Kinder, die sie hat
– drei an der Zahl – sind selten satt.

Die einz'gen Kleider sind zerrissen.
Sie gehen nur mit nackten Füßen.

Sie hat ja weder Lohn noch Rente,
so dass sie sich was kaufen könnte.

Ein Gärtchen nur beliefert diese
Familie spärlich mit Gemüse.

Doch in dem Häuschen nebenan
wohnt ein besonders übler Mann,

der ihre Kohl- und Kräuterbeete
am liebsten für sich selber hätte.

Er knurrt: „Hör', Frau, ich sage dir:
Der Garten, der gehört jetzt mir.

Dein Mann, der hatte bei mir Schulden.
Ich will mich länger nicht gedulden,

auf Zahlungen von dir zu warten.
Drum nehm' ich mir dafür den Garten.

Quitt sind wir, wenn ich ihn genommen.
Da bist du noch gut weggekommen!"

Die Frau kriegt einen Riesenschreck.
„Du nimmst mir nicht den Garten weg!

Auch stimmt nicht, dass ich Schulden hatte!
Nicht ich und nicht mein Ehegatte!

Das sind doch alles freche Lügen!
Du willst mich um mein Land betrügen!

Das lass' ich nicht mit mir geschehn!",
spricht sie und lässt ihn einfach stehn.

Jedoch der gierig-dreiste Mann
lässt nicht so schnell von seinem Plan.

Er weiß, er sitzt am längern Hebel.
Fängt an, den Zaun bei Nacht und Nebel

auf seiner Seite abzureißen,
die Bohnenstangen umzuschmeißen,

was Frau und Kinder nicht entfernten,
ganz einfach für sich selbst zu ernten.

Dann kommt doch dieser Übeltäter
mit einem riesengroßen Köter

und kettet ihn dort an den Zaun.
Das hindert ihn dran abzuhau'n,

und hindert andre, ungebeten
den ganzen Garten zu betreten.

Was er bewacht an langer Leine,
das sieht der Kerl nun als das Seine.

Die Witwe, als sie dieses sah,
war wütend und den Tränen nah.

Ohnmächtig fing sie an zu klagen:
„Ich werde es dem Richter sagen!"

Dem bösen Nachbarn aber machte
das keine Angst, sodass er lachte:

„Meinst du", so sprach er ungeniert,
„dass der für dich 'nen Finger rührt?

Womit willst du ihn denn bestechen
und nötigen, dir Recht zu sprechen?

Wenn jemand nicht bezahlen kann,
dann rührt der keine Akte an!

Und sollt' es wirklich dir gelingen,
Bestechungsgeld herbeizubringen,

genug, dass er zufrieden wär' –
dann kriegt er halt von mir noch mehr!"

Sie sprach: „Das könnte dir so passen!
Das werd' ich mir nicht bieten lassen!"

So sagte diese Witwe zwar,
doch war ihr insgeheim schon klar:

Was der da sagt, ist nicht verkehrt.
Sie hatte längst davon gehört,

der Richter sei sehr faul und gierig,
und Recht zu kriegen, sei sehr schwierig.

Was soll's? Sie musste es probieren,
und weigert' sich zu resignieren.

Das Haus des Richters war verschlossen.
Sie klopfte laut. Da steckt verdrossen

den Kopf heraus ein alter Knecht.
„Hau ab! Der Richter spricht grad Recht!"

Was aber nicht die Wahrheit traf –
der Richter war beim Mittagsschlaf:

Wie Bäumesägen oder schlimmer
drang Schnarchen aus dem Hinterzimmer.

„Ich muss ihn sprechen! Es ist dringend!",
rief da die Witwe händeringend.

Und wie sie dies so laut gesprochen,
war schon das Schnarchen unterbrochen,

der Richter demnach aufgeweckt.
Das hatte sie damit bezweckt.

Der Richter kam erbost zur Tür.
„Was soll der Lärm? Was willst du hier?"

„Recht will ich, und du sollst's besorgen!"
„Das geht jetzt nicht. Hau ab! Komm morgen!"

Und ohne jedes weit're Fragen
wurd' laut die Türe zugeschlagen.

Am nächsten Morgen, schon beizeiten,
macht sie erneut ihm Schwierigkeiten.

Sie klopft und ruft, sie lärmt und fleht,
bis endlich doch die Tür aufgeht.

Die Frau beginnt mit dem Bericht.
Jedoch der Richter unterbricht,

eh' sie zu Ende hat erzählt,
ganz ungeduldig: „Hast du Geld?"

„Geld nicht", spricht sie, „doch hab' ich Recht!"
„Oh", knurrt der Richter, „das ist schlecht.

Kann dir nicht helfen angesichts
der Armut. Ohne Geld läuft nichts!"

Was soll die arme Frau denn nun
zur Rettung der Familie tun?

Damit die Kinder nicht verhungern,
bleibt ihr nur, hier herumzulungern.

Dann kriegt sie sicher auch mal mit,
wenn jener aus dem Hause tritt.

So kommt's. Der Richter will 'ne Runde
spazieren geh'n zur Abendstunde.

Da stürzt die Witwe auf ihn zu
und sagt: „Herr Richter, wann wirst du,

statt deine Geldgier nur zu stillen,
denn endlich deine Pflicht erfüllen?"

Sie appelliert, sie fleht, sie schreit.
Genervt von so viel Dreistigkeit

versucht der Mann, ihr zu entflieh'n.
Ganz eng jedoch verfolgt sie ihn,

sie hängt an ihm wie eine Klette
und sagt ihm, dass die Pflicht er hätte,

fleht, dass – wenn die ihm nichts bedeute –
ihn wenigstens Erbarmen leite.

Die Leute gucken. Es wird peinlich.
Die wird er nie los, höchstwahrscheinlich!

Am liebsten würde er sie schlagen!
Als Richter kann er das nicht wagen ...

So leidet er, statt sie zu boxen.
Dann kehrt er noch im „Roten Ochsen"

kurz ein zu einem Abendtrunk.
Auch hier macht jene Witwe Stunk,

und statt vergnügtem „Hoch die Tassen"
muss er den Stammtisch bald verlassen.

Jedoch ist dann am nächsten Tage
noch nicht zu Ende seine Plage.

Die Frau hat morgens, kurz vor acht,
zwei von drei Kindern mitgebracht.

Nun steh'n den ganzen Tag die Kleinen
vor seinem schönen Haus und weinen.

Dies – mit der Witwe Fleh'n und Klagen –
schlägt ihm allmählich auf den Magen.

Er schickt den Knecht, sie zu vertreiben,
doch nützt es nichts, die Leute bleiben.

Weil sie an seinen Nerven sägen,
beginnt der Mann zu überlegen:

Die Müh, sich ihrer zu erwehren,
ist mehr, als sie sich anzuhören.

Er gibt ihr 'nen Gerichtstermin.
Die arme Witwe nutzte ihn.

Recht ward gesprochen und geschrieben,
der böse Nachbar wurd vertrieben

und auch verpflichtet und belehrt,
zu reparier'n, was er zerstört.

Das tat er mit 'nem sehr unwirschen
Geknurre und mit Zähneknirschen.

Die Frau war froh, der Feind bezwungen,
der Richter redlich – notgedrungen.

Wenn schon der Mann, der hier beschrieben,
der armen Witwe Feind vertrieben,

weil die sich lästig an ihn hängte
und immer wieder ihn bedrängte –

wie sollte Gott nicht Hilf' gewähren,
wenn wir ihn mit Vertrauen ehren!

Er ist gerecht, ganz unbestritten,
und froh, wenn wir beständig bitten.

Klar, dass wir seine Hilfe kriegen,
wenn wir ihm in den Ohren liegen.

Lukas 18, 1–8

Erwin Schröder

Der Heiligenschein im Vollwaschgang

240 S., Taschenbuch
ISBN 3-7655-3771-3

Ausgerechnet in diese kleine Hinterhofgemeinde hat seine Freundin Judith ihn geschleppt. Da steht er nun zwischen lauter furchtbar netten Menschen, die ihm freudestrahlend die Hand schütteln ... So beginnt Achims Suche nach einer eigenen Beziehung zu Gott und einem Platz in der Gemeinde. Ohne Beulen und Schrammen geht es dabei nicht ab, und sein Heiligenschein muss hin und wieder kräftig aufpoliert werden.

BRUNNEN VERLAG GIESSEN
www.brunnen-verlag.de

Michael Stollwerk

Gesponserte Stille

366 Impulse
für jeden Tag
des Jahres

240 S., Hardcover
ISBN 3-7655-1873-5

Kurzweilige und geistreiche Andachten für jeden Tag des Jahres. Die zahlreichen Beispielgeschichten geben jedem Tag einen ganz besonderen Impuls. Sie sprechen in den Alltag hinein und fordern zum Nachdenken und Schmunzeln heraus.

BRUNNEN VERLAG GIESSEN
www.brunnen-verlag.de